Power
Trennkost

Ursula Summ

Power
Trennkost

Schlank, fit & gut drauf

mit Erläuterungen des
jeweiligen Powerfaktors von der
Ernährungswissenschaftlerin
Claudia Schmidt

Hinweise zu den Rezepten

Einteilung der Gerichte
Damit Sie auf den ersten Blick erkennen, zu welcher Gruppe ein Gericht zählt, haben die Rezepte auch eine farbliche Kennzeichnung:

▶ = Eiweißgericht

▶ = Neutrales Gericht

▶ = Kohlenhydratgericht

Zutatenmengen
Die Zutatenmengen beziehen sich auf die ungeputzte Rohware. Bei Stückangaben wird von einem Stück mittlerer Größe ausgegangen.

Gerichte kombinieren
Wenn Sie verschiedene Gerichte zu einem Menü kombinieren möchten, beachten Sie jeweils die Gruppenzugehörigkeit. Sie können Kohlenhydratgerichte miteinander kombinieren. Ebenso Eiweißgerichte untereinander. Neutrale Gerichte können Sie entweder mit Kohlenhydratgerichten oder mit Eiweißgerichten zusammen essen.

Rezepte variieren
Der Trennungsplan auf den Seiten 25 – 27 hilft Ihnen bei der Zuordnung neuer Lebensmittel.

Frutilose
Hierbei handelt es sich um einen Obstdicksaft aus dem Reformhaus. Frutilose zählt zu den Kohlenhydraten, kann aber auch zum Süßen von Eiweiß- oder neutralen Gerichten benutzt werden.

Molkosan
Dies ist ein vergorenes Molkekonzentrat, das mit Wasser verdünnt als Essigersatz dient oder auch unverdünnt zum säuerlichen Abschmecken von Speisen verwendet wird.

Weinsteinbackpulver
Im Gegensatz zu herkömmlichem Backpulver enthält es kein Phosphat. Vom Einsatz und von der Wirkung ist es aber gleichwertig.

Fette und Öle
Ungehärtete Pflanzenfette wie Margarine mit einem hohen Anteil an ungesättigten Fettsäuren und ungehärtetes Kokosfett sind, ebenso wie Butter, empfehlenswert, sollten aber wegen ihres Kaloriengehalts nur sparsam eingesetzt werden.
Beim Kauf von Ölen sollten Sie auf naturbelassene, unraffinierte Produkte zurückgreifen, die einen hohen Anteil an mehrfach ungesättigten Fettsäuren enthalten, z. B. Olivenöl, Sonnenblumenöl, Distelöl, Weizenkeimöl, Leinsamen- und Maiskeimöl. Auf ganz normales Salatöl sollten Sie möglichst verzichten.

Vegetarische Gemüsebrühe
Das Instantpulver bietet sich als Streuwürze an. Ebenso eignet es sich gut als Suppen- oder Saucengrundlage.

Eier
Verwenden Sie nur Eier von frei laufenden Hühnern. Sie sollten stets frisch verarbeitet werden, um eine mögliche Salmonellenbelastung auszuschließen.

Abkürzungen

TL
Teelöffel, gestrichen

EL
Esslöffel, gestrichen

getr.
getrocknet

Msp.
Messerspitze

gem.
gemahlen

Pk.
Packung

TK
Tiefkühl...

Fett i. Tr.
Fett in Trockenmasse

Inhaltsverzeichnis

Vorwort

Jetzt ist es endlich bewiesen: Die Trennkost ist supergesund, gibt Power und wirkt zudem wie ein Jungbrunnen. Wissenschaftler brachten den Nachweis: Die Haysche Trennkost verändert die Körperchemie, indem die Fettoxidation (der Verbrennungsprozess) gesteigert wird. Dadurch verringert sich auf natürliche Weise der Körperfettgehalt, die Körpermasse schmilzt und überschüssiges Gewebswasser sowie belastende Stoffe werden ausgeschieden. Durch diesen Abbau von „Altlasten" und durch die Neuversorgung mit lebensnotwendigen Nährstoffen, Vitaminen, Enzymen, Mineral- und Ballaststoffen werden Hormone im Körper mobilisiert, die für mehr Vitalität, Gesundheit und Jugendlichkeit sorgen.

Zudem beobachteten südafrikanische Forscher bei Langzeitstudien mit Diabetikern, dass bei Einhaltung der Trennkost-Regeln die morgendlichen erhöhten Nüchterninsulinwerte gesenkt werden. Demnach ist die Trennkost besonders auch Diabetikern zu empfehlen.

Inzwischen kenne ich viele namhafte Ärzte und Heilpraktiker die der gleichen Meinung sind: Zahlreiche Krankheiten, speziell im Magen- und Darmbereich, könnten verhindert werden, wenn die Ernährung etwas umgestellt würde.

Das Essen einfach umverteilen

Aufgrund dieser Tatsachen ist der Ratschlag der Trennkost Gold wert: „Das Essen einfach umverteilen." Denn dadurch erhält das Verdauungssystem bessere Möglichkeiten der schnelleren Aufspaltung und Zersetzung der Speisen. So erreicht der Körper mehr Leistungskraft und die bleierne Müdigkeit nach dem Essen ist wie weggeblasen.

Außerdem sorgt die Umverteilung der Speisen für eine lang anhaltende Energie, mehr Vitalität, gute Gesundheit und für ein jüngeres Aussehen. Machen Sie einen Test: Ernähren Sie sich eine Woche nach den Regeln der Hayschen Trennkost. Spüren Sie, wie Ihre Energiezentrale angekurbelt wird und die Trennkost Ihren Körper und Geist klar und munter macht. Essen Sie nach dieser Test-Woche wieder Ihre normale Mischkost. Fühlen Sie auch jetzt in Ihren Körper hinein. Sie werden feststellen: Mischkost macht müde und schlapp. Etwa 20 Minuten nach dem Essen folgt ein Leistungsknick und raubt Ihnen Ihre Lebensenergie. Ihre Vitalität geht verloren. Sie wirken schwerfällig und verlieren an Ausstrahlung.

Ganz anders die Wirkung der Trennkost: Sie fördert die Lust am Leben und verändert lustlose in lebensfrohe Menschen. Die anregende Wirkung dieser gesunden Kost macht Sie gut gelaunt, munter, wach und frisch. Die innere Dynamik steigt, Glücksgefühle kommen auf und der Geist wird klar und rege. Dieses Essen verändert auf Dauer Ihr Leben und macht Sie zum Gewinner.

Der erste Schritt: Umdenken

Bei der Original Hayschen Trennkost stehen das körperliche und seelische Wohlbefinden im Vordergrund. Hier geht es besonders darum, Ordnung und Harmonie in sein Leben zu bringen. Das bedeutet, dass man durch einfaches Umdenken im Bereich „Essen", zu mehr Vitalität und Lebensfreude gelangen kann.

Ist der erste Schritt getan, geht es damit weiter, sich von schlechten und alten, eingefahrenen Essgewohnheiten zu lösen. Gehen Sie dabei in kleinen Schritten vor. Verändern Sie langsam Ihre übliche Nahrung, vielleicht auch Ihr Essverhalten. Haben Sie keine Angst davor, nicht satt zu werden. Trennkost-Portionen sind reichlich, überaus wohlschmeckend und bieten für jede Geschmacksvorliebe etwas.

Achten Sie bei der Auswahl der Speisen auf mehr Qualität. Essen Sie lebendige Kost und nicht die geschönte, mit Geschmacksverstärkern aufgeputschte tote Nahrung vom Fließband der Industrie. Essen Sie frisches Obst, Salate und Gemüse. Greifen Sie zu bei Nüssen, Samen und Keimlingen. Verwenden Sie hochwertige, kaltgepresste Öle, gute Butter und vermeiden Sie Margarine oder andere Fettsorten, die gehärtete Fette enthalten. Diese Fette wandeln sich im Körper in Transfettsäuren um und können den Cholesterinspiegel in die Höhe treiben. Sie sind übrigens auch in vielen Fertigprodukten, Backwaren, Süßspeisen und Eis zu finden. Bei Joghurt achten Sie bitte auf die rechtsdrehende Milchsäure und Molke sollten Sie nur als Naturprodukt und nie als getrocknetes Konzentrat verwenden. Bevorzugen Sie Meeresfrüchte und mageres Fleisch, reduzieren Sie Wurst, Schinken und Käse. Auch gepökelte und geräucherte Speisen sollten nicht zu oft auf dem Speiseplan stehen. Gleiches gilt für alkoholische Getränke, süße Limonaden, Kaffee, weißen Zucker, Weißmehlprodukte oder Fertiggerichte. Bauen Sie in Ihren täglichen Speiseplan dafür naturbelassene und vollwertige Speisen ein, wie zum Beispiel Vollkornbrot, Vollkorngetreide, Naturreis und Hirse.

Im Vordergrund einer gesunden und ausgewogenen Ernährung sollte immer die optimale Versorgung mit Vitaminen, Mineralstoffen, Enzymen und Spurenelementen stehen. Denn diese Vitalstoffe bieten Ihnen einen guten Schutz gegen Krankheiten, haben einen starken Einfluss auf das Immunsystem und verleihen Ihnen Power. Erleben Sie die Wirksamkeit der Trennkost, denn wissenschaftliche Studien beweisen: Jugendliches Aussehen, Gesundheit und Fitness hängen zum Großteil von der Ernährung ab.

Herzlichst Ihre

Voller Energie ...

Was ist Trennkost?

Obwohl das Wort Trennkost inzwischen zu einem bekannten Begriff geworden ist, wissen trotzdem noch sehr viele Menschen nicht, wie sie funktioniert und was sich wirklich hinter dieser Ernährungsweise verbirgt. Eine Umfrage hat ergeben, dass fast jeder Befragte glaubte, Trennkost wäre nur etwas für Übergewichtige zur Gewichtsabnahme. Falsch! Trennkost ist supergesund, gibt enorme Power und wird heute von vielen Ärzten und Heilpraktikern erfolgreich für den Genesungsprozess eingesetzt. Trennkost wirkt zusätzlich wie ein Jungbrunnen und wird daher auch in Fitness-Studios, Kosmetiksalons und Schönheitsfarmen angeboten.

Bei der Trennkost essen Sie weiterhin das, was Sie immer gegessen haben, nur in einer anderen Reihenfolge. Es kommt hier besonders auf die harmonische Zusammenstellung der einzelnen Nahrungsmittel an. Darum ist die Original Haysche Trennkost auch keine Diät, sondern eine Ernährungsumstellung, die jeder ein ganzes Leben lang beibehalten kann, ohne dass Mangelerscheinungen auftreten. Der Grundgedanke der Trennkost ist, den Körper zu reinigen, zu entgiften und das Gleichgewicht zwischen Körper, Geist und Seele wieder herzustellen, welches durch falsche Essgewohnheiten und andere Umwelteinflüsse verloren ging.

Die angenehmen Begleiterscheinungen der Trennkost sind:

›› Man fühlt sich energiegeladener
›› Heißhungerattacken kommen nicht auf
›› Übergewichtige nehmen ab
›› Untergewichtige nehmen zu

Dies alles wird durch die Entlastung der Verdauungsorgane und durch einen besser funktionierenden Stoffwechsel bewirkt. Das Hauptmerkmal dieser Kost ist die Trennung zwischen eiweißreicher und kohlenhydratreicher Kost (siehe Trennungsplan S. 25). Denn nach den Erkenntnissen vieler Ernährungsforscher und des Erfinders der Trennkost, Dr. Howard Hay, wird die Phase der Verdauung stark behindert, wenn gleichzeitig größere Mengen Eiweiße und Kohlenhydrate innerhalb einer Mahlzeit gegessen werden.

Die Folgen einer ungünstig zusammengestellten Nahrung können sein: Sodbrennen, Blähbauch, schlechte Verdauung, Übergewicht, Stoffwechselstörungen oder andere Krankheiten. Besonders die bleierne Müdigkeit macht vielen Menschen nach dem Essen zu schaffen. Trennt man dagegen innerhalb der einzelnen Mahlzeiten die Eiweiße von den Kohlenhydraten, werden die Verdauungsorgane spürbar entlastet. Selbst nach einer reichhaltigen Mahlzeit fühlt man sich energiegeladen und merkt von Müdigkeit keine Spur. Auch tritt nach kurzer Zeit kein saures Aufstoßen mehr auf; gleichzeitig setzt eine langsame Entgiftung ein.

Die Funktion des Verdauungssystems

Um die ganzheitliche Wirkung der Trennkost zu begreifen, ist es wichtig, die Funktionen des gesamten Verdauungsapparates zu verstehen. So beginnt die Phase der Verdauung bereits mit dem Gedanken an eine Speise, denn dieser setzt verschiedene Mechanismen in Gang. Er regt zum Beispiel den Speichelfluss stark an – das Wasser läuft uns im Mund zusammen.

Kommt die Nahrung dann in den Mund, wird sie durch Kauen zerkleinert. Durch die Einwirkung des Enzyms Amylase im Speichel werden die Kohlenhydrate schon jetzt vorverdaut. Eiweiße hingegen werden im Mund noch nicht aufgespalten, da hier die dafür benötigten sauren Verdauungssäfte fehlen. Diese werden erst im Magen durch das Verdauungsenzym Pepsin und durch Salzsäure bereitgestellt.

Werden nun während einer Mahlzeit gleichzeitig reichlich Eiweiß und Kohlenhydrate gegessen, behindert man wichtige Verdauungsgesetze. Die Kohlenhydrate können nämlich jetzt nicht ausreichend aufgespalten werden, da der Verzehr von Eiweiß die Produktion von Salzsäure und Pepsin im Magen in Gang gesetzt hat. Diese Säfte behindern die Wirkung der Amylase aus dem Speichel. Isst man hingegen nur Kohlenhydrate, entstehen nur wenig saure Säfte im Magen, und die Wirkung der Amylase bleibt besser erhalten.

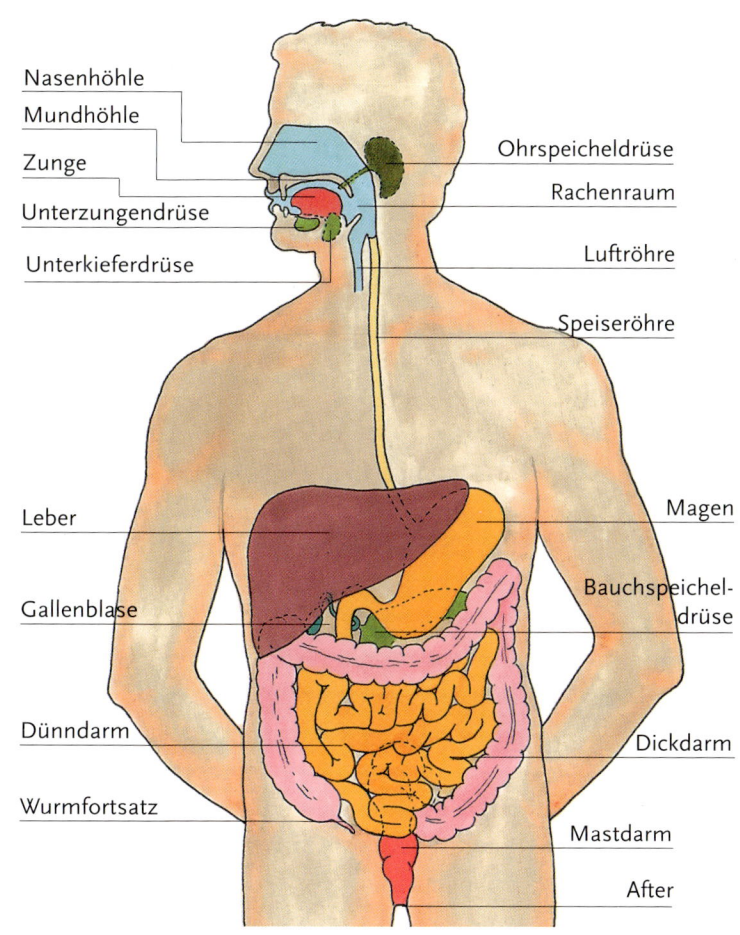

Nasenhöhle
Mundhöhle
Zunge
Unterzungendrüse
Unterkieferdrüse
Ohrspeicheldrüse
Rachenraum
Luftröhre
Speiseröhre
Leber
Gallenblase
Dünndarm
Wurmfortsatz
Magen
Bauchspeicheldrüse
Dickdarm
Mastdarm
After

Die Bauchspeicheldrüse

Eine weitere wichtige Rolle im Verdauungssystem spielt die Bauchspeicheldrüse (Pankreas). Sie besteht aus zwei Teilen: In dem einen werden die Hormone Insulin und Glukagon produziert, die bei Bedarf ins Blut abgegeben werden, um den Blutzuckerspiegel zu regulieren. Im anderen Teil erfolgt die Bildung von Verdauungsenzymen, zum Beispiel von Trypsin und Chimotrypsin (eiweißspaltende Enzyme) sowie Amylase (kohlenhydratspaltendes Enzym) und Lipase (fettspaltendes Enzym).

Diese Enzyme werden in den Dünndarm abgegeben und zerlegen dort die bereits im Mund und Magen vorverdauten Nährstoffe vollständig. Nur wenn die Bauchspeicheldrüse nicht überfordert wird, können die komplizierten Verdauungsvorgänge reibungslos ablaufen. Werden beispielsweise Nahrungsmittel immer falsch kombiniert und in zu großen Mengen verzehrt, kann es durch die Überbelastung der Bauchspeicheldrüse zu einer verzögerten und nicht ausreichenden Verdauung kommen. Liegen die unvollständig verdauten Nahrungsbestandteile zu lange im Darm, können sich unangenehm blähende Gase und Fäulnisgifte bilden.

Die Oberfläche der Dünndarmschleimhaut ist von vielen Millionen winziger Zotten übersät. Diese haben die Aufgabe, die zerlegten Nahrungsbestandteile sowie Vitamine, Mineralstoffe, Enzyme und Spurenelemente aufzunehmen und zur Leber zu transportieren. Die Darmzotten sind nicht in der Lage, zwischen guten und verfaulten Stoffen zu unterscheiden, sondern nehmen alles gleichermaßen auf. Die Leber muss nun entgiftend wirken. Sie baut anschließend all diese Stoffe um, zersetzt sie, speichert sie oder leitet sie an bestimmte Organe oder Zellen weiter. Folglich ist sie das zentrale Organ für die Versorgung unseres Körpers. Ungünstig zusammengestellte Nahrung belastet demnach nicht nur unser Verdauungssystem, sondern unter anderem auch so wichtige Organe wie die Leber.

Trennen schont Magen und Darm

Wie zuvor beschrieben, werden alle Speisen, die wir essen, auf unterschiedliche Art verdaut. Zur Verdauung eines Stücks Fleisch zum Beispiel wird ein anderer Verdauungssaft benötigt als für Kartoffeln. Für Fleisch, Fisch, Käse, Eier und auch verschiedene Früchte werden zur Aufspaltung und Verdauung saure Verdauungssäfte benötigt. Dagegen erfordern Kartoffeln, Reis, Nudeln und Brot basische Verdauungssäfte.

Dies ist der Grund, warum Dr. Howard Hay, Erfinder der Hayschen Trennkost, die Nahrungsmittel in verschiedene Gruppen einteilte und somit einen Trennungsplan für die Nahrungsmittel entwickelte. Zusätzlich erarbeitete er eine dritte Gruppe, die er in seinem Trennungsplan die neutralen Nahrungsmittel nannte. Da diese Speisen weder die Eiweiß- noch die Kohlenhydratverdauung stören, dürfen sie sowohl mit eiweiß- als auch mit kohlenhydratreicher Nahrung zusammen verzehrt werden.

Zu den neutralen Nahrungsmitteln gehören unter anderem gesäuerte Milchprodukte, Gemüse, Salate und Rohkost.

Der neue Trennungsplan

Da es in der Vergangenheit Missverständnisse gab, was den Verzehr der neutralen Nahrungsmittel angeht, war es notwendig, einen neuen Trennungsplan zu gestalten. Zu häufig wurde bei verschiedenen zur neutralen Gruppe zählenden Produkten wie Sahne, Vollfettkäse, roher Schinken, Räucherlachs oder klaren Schnäpsen, übermäßig zugegriffen. Diese Lebensmittel dienen aber nur der Bereicherung und geschmacklichen Verfeinerung der Mahlzeiten und sollten daher nur in kleinen Mengen auf dem Speiseplan stehen. Ohne Begrenzung hingegen können Gemüse, Rohkost und Salate verzehrt werden.

Die Aufteilung der neutralen Kost in zwei Untergruppen hat ihren Grund nicht nur im höheren Kalorien-, sondern vor allem im Fett- und Salzgehalt bestimmter Nahrungsmittel. Ein Beispiel: Sie essen zwei Scheiben Vollkornbrot, gut belegt mit Butter und rohem Schinken. Die Butter und der Schinken zählen beide zur neutralen Kost. Das Wort „neutral" verleiht diesen Lebensmitteln eine gewisse Unbedenklichkeit und viele glauben, hier ordentlich zugreifen zu können. Dabei bedeutet „neutral" nicht kalorienarm, sondern lediglich, dass diese Zutaten sowohl mit eiweißreicher als auch mit kohlenhydratreicher Nahrung verzehrt werden dürfen. Diese kleine Mahlzeit ist, abgesehen von den Kalorien, gehaltvoller, als mancher glaubt. Denn sie enthält den gesamten Tagesbedarf an Salz, wodurch vermehrt Wasser im Körper gebunden wird. Die Folgen zu hohen Salzkon-

Eiweißgruppe

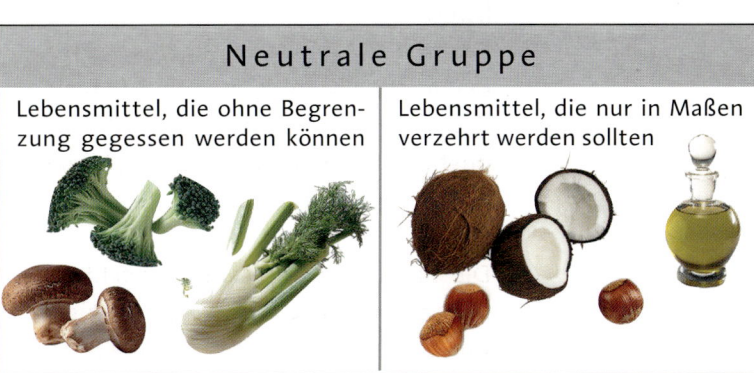

Neutrale Gruppe

Lebensmittel, die ohne Begrenzung gegessen werden können

Lebensmittel, die nur in Maßen verzehrt werden sollten

Kohlenhydratgruppe

Diese Lebensmittel möglichst meiden

sums können Wasseransammlungen im Gewebe sein. Auch ein Austrocknen der Nieren ist nicht auszuschließen. Letztendlich werden Herz und Kreislauf unnötig belastet. Dies alles geht auf Kosten der Gesundheit und bedeutet gleichzeitig einen Energieverlust. Richtiger wäre es daher, Butter und Schinken etwas zu reduzieren und zusätzlich vorab einen großen Teller der ebenfalls neutralen Lebensmittel Salat oder Gemüse zu essen. Der frische Salat oder das Gemüse bewirkt eine Körperreinigung und eine zusätzliche Auffüllung der Basendepots. Auch Übergewichtige verzeichnen trotz höherer Kalorienzufuhr eher einen Gewichtsverlust, als wenn sie nur die belegten Brote essen würden. Das Geheimnis liegt darin, dass der Salat und das Gemüse, neben anderen wertvollen Stoffen, sehr viel Kalium enthalten, den natürlichen Gegenspieler von Natrium. Die Nierentätigkeit steigt und es wird vermehrt Wasser ausgeschieden. Mit dem verlorenen Wasser schwindet die Trägheit, gleichzeitig sinkt auch das Gewicht.

So kombinieren Sie richtig

▶ Lebensmittel aus der Eiweißgruppe	+	▶ Lebensmittel aus der neutralen Gruppe
▶ Lebensmittel aus der Kohlenhydratgruppe	+	▶ Lebensmittel aus der neutralen Gruppe

Häufige Fragen zu den neutralen Nahrungsmitteln

Immer wieder taucht die Frage auf, warum gesäuerte Milchprodukte, rohes Fleisch und Fisch sowie vollfetter Käse zur neutralen Kost zählen, obwohl diese doch eindeutig stark eiweißhaltig sind. Die gesäuerten Milchprodukte gelten als neutral, da ihr Eiweiß durch Milchsäurebakterien verändert und aufgeflockt wurde. Dadurch sind sie praktisch vorverdaut und somit besser vom Körper zu verarbeiten. Rohes Fleisch, rohe Schinken- und Wurstsorten, roher und geräucherter Fisch sind ebenfalls eiweißreiche Lebensmittel, rechnen in der Trennkost aber zur neutralen Gruppe, weil ihre Zellstrukturen noch so erhalten sind, wie die Natur sie gebildet hat. Durch Erhitzen werden die Zellstrukturen verhärtet und verdichtet, das so veränderte Eiweiß ist dann schwerer verdaulich. Dennoch sollen rohe Fleisch- und Wurstwaren oder geräucherter Fisch nur in Maßen verzehrt werden, da sie nicht zu den empfehlenswerten Lebensmitteln zählen.

Zu den neutralen Lebensmitteln gehören auch alle Fette, naturbelassene Öle und Butter sowie alle sehr fettreichen Lebensmittel, wie Sahne und vollfetter Käse ab 60 % Fett i. Tr. Und das hat folgenden Grund: Fett wird nicht im Magen, sondern erst im oberen Teil des Dünndarms verdaut. Somit stört es den Verdauungsprozess der Eiweiße und Kohlenhydrate nicht. Obwohl diese Nahrungsmittel unsere Verdauung nicht ungünstig beeinflussen, sollten sie nicht zu häufig verzehrt werden.

Die richtige Kombination

Kombinieren Sie jetzt aus diesen drei genannten Gruppen Ihre täglichen Mahlzeiten. Wenn Sie eine Eiweißmahlzeit wählen möchten, dann entscheiden Sie sich für Fleisch, Fisch, Käse oder Eier. Wählen Sie zusätzlich aus der neutralen Gruppe Gemüse, Salate oder Rohkost und dazu je nach Rezept ebenfalls aus der neutralen Gruppe, 30–50 g Butter, Sahne oder anderes.

Wenn Sie sich lieber eine Kohlenhydratmahlzeit zusammenstellen möchten, dann wählen Sie zwischen Getreide, Kartoffeln, Reis oder Brot. Auch hier sollten Sie das Gemüse oder den Salat nicht vergessen und zusätzlich nach Belieben 30–50 g Fette oder fettreiche Lebensmittel aus der neutralen Gruppe wählen.

Die Trennkost in der Praxis

Beginnen Sie den Tag mit einem leichten Frühstück. Wählen Sie nach eigenem Geschmack unter einem Obstfrühstück, einem Müsli oder einem belegten Brot. Wenn Sie morgens gerne Obst essen möchten, dann greifen Sie in beliebiger Menge zu. Kombinieren Sie aber Obstsorten, die zur Gruppe der Eiweiße zählen, niemals mit den Kohlenhydraten, da Obst sehr viel Fruchtsäure enthält und dementsprechend in einem sauren Milieu verdaut werden muss. (Trotzdem reagiert das säurehaltige Obst später im Stoffwechsel basisch.)

Möchten Sie zum Frühstück lieber ein Müsli essen, dann geben Sie statt der frischen Milch besser ein gesäuertes Milchprodukt hinzu, wie zum Beispiel Joghurt, Buttermilch oder Kefir. Zusätzlich können Sie das Müsli mit Nüssen, Rosinen, Honig, Banane oder mit einem mürben, geriebenen Apfel anreichern.

Wenn Sie zum Frühstück lieber eine Scheibe Brot essen möchten, dann achten Sie auch hier auf die harmonische Zusammenstellung. Sie können auf Ihr Brot etwas Butter geben und – da es keine hunderprozentige Trennung von Eiweiß und Kohlenhydraten gibt – zusätzlich in kleinen Mengen (30 g) Wurst oder Käse darauf legen.

Etwa 2 Stunden nach dem Frühstück ist es sinnvoll, eine kleine Zwischenmahlzeit einzulegen. Hier bietet sich frisches, säurereiches Obst an, wie zum Beispiel Ananas, Apfelsine, Erdbeeren, frischer saftiger Apfel, Birne usw. Sie können aber auch in beliebiger Menge Möhren, Paprika, Gurke oder andere Rohkost essen. Ebenso ist aber auch ein Naturjoghurt oder ein Glas Buttermilch möglich.

Zum Mittagessen wählen Sie unter einer Eiweiß- oder einer Kohlenhydratmahlzeit. Wenn Sie sich für eine Eiweißmahlzeit entschieden haben, dann können Sie unter Fleisch, Fisch, Käse oder Eiern wählen. Bevorzugen Sie beim Einkauf von Fleisch die mageren Sorten. Vermeiden Sie größere Mengen Fleisch, insbesondere Schweinefleisch und die daraus hergestellten Produkte. Legen Sie eventuell zwei bis drei fleischlose Tage in der Woche ein, um einer Übersäuerung des Gewebes und den damit verbundenen Stoffwechselstörungen vorzubeugen.

Wenn Sie sich mittags für eine Kohlenhydratmahlzeit entscheiden, so können Sie unter Getreide-, Nudel-, Reis- oder Kartoffelgerichten wählen. Wichtig ist natürlich, egal ob Sie sich für die Eiweiß- oder Kohlenhydratvariante entscheiden, dass Sie vor oder zu der Mahlzeit einen Teller Salat, Rohkost oder Gemüse essen. Sie können auch eine halbe Stunde vor dem Mittagessen säurereiches Obst essen. Es sättigt nicht nur, sondern reichert zusätzlich den gesamten Organismus mit wertvollen Vitaminen und Enzymen an. Da das Obst leicht verdaulich ist und schon nach etwa einer halben Stunde basisch verstoffwechselt wird, können Sie anschließend auch eine kohlenhydratreiche Mahlzeit zu sich nehmen.

Nach dem Mittagessen sollten Sie Ihrem Magen eine Pause von etwa drei bis vier Stunden gönnen und in dieser Zeit nichts essen. Am Nachmittag sinkt bei fast allen Menschen der Blutzuckerspiegel. Essen Sie jetzt eine reife Banane oder Haferflocken mit Kefir. Süßen Sie die Haferflocken mit Honig und ein paar Rosinen. Säurereiches Obst ist am Nachmittag nicht mehr zu empfehlen.

Auch am Abend ist es ratsam, leicht Verdauliches zu essen. Auf Fleischgerichte sollten Sie jetzt nach Möglichkeit verzichten, da der Magen am Abend die sauren Verdauungssäfte für die Eiweißverdauung nicht mehr so gut herstellen kann wie mittags. Leichter bekömmlich sind zu dieser Tageszeit Kartoffel-, Reis- oder Nudelgerichte. Wichtig ist auch am Abend der Gemüse- oder Salatteller.

Falsche Ernährung

Unsere Kost besteht häufig aus wertlosen Nahrungsmitteln wie Weißmehlprodukten (Weißbrot, Nudeln, Kuchen etc.), Süßigkeiten, poliertem Reis, Konservenkost, Fast Food oder Fertiggerichten. Zudem wird oftmals zu viel Fleisch, Wurst, Käse oder Fett konsumiert, ebenso Kaffee, Tee, süße Limonaden und alkoholhaltige Getränke.

Durch diese nicht vollwertigen Lebensmittel leidet der Körper unter einem Mangel an Vitalstoffen. Denn: Solchen Produkten fehlen Mineralstoffe und Enzyme. Welch Folgen eine falsche Ernährung haben kann, beweisen die vielen ernährungsbedingten Krankheiten wie übersäuerter Magen, Verdauungsprobleme, Darmerkrankungen, Gicht, Rheuma, Stoffwechselstörungen, Bluthochdruck, Diabetes Typ 2, Gefäßschäden, Arthrose, Arthritis, Herz-Kreislauf-Probleme, Herzinfarkt oder Schlaganfall. Natürlich spielen bei den genannten Krankheiten auch andere Faktoren eine wichtige Rolle – doch durch eine gesunde Ernährung ließe sich vieles vermeiden.

Säuren – die schleichende Selbstvergiftung

Der Organismus wird täglich mit einer Flut saurer Stoffe belastet. Diese Säuren entstehen im Stoffwechsel, beim Ab- und Umbau der Nahrung. Aber auch seelische Belastungen können den Säurespiegel im Körper rapide ansteigen lassen. Haut, Nieren, Darm, Lunge und Leber verfügen zwar über die Fähigkeit zur Entgiftung, doch eine unaufhörliche Flut saurer Abfallstoffe kann auch der gesündeste Organismus auf Dauer nicht verkraften. Der Körper übersäuert und das erste Anzeichen dafür ist eine bleierne Müdigkeit. Des Weiteren können sich noch viele andere Beschwerden bemerkbar machen, wie Kopf- und Gliederschmerzen, Verdauungsstörungen oder eine verstärkte Grippeanfälligkeit. Es leidet die Widerstandskraft und die allgemeine Stimmungslage ist griesgrämig und missvergnügt. Der Mensch ist „sauer".

Dieser schleichende Selbstvergiftungsprozess kann durch eine vernünftige Ernährung verhindert werden. Dabei helfen Ihnen die Basen, die chemisch gesehen das Gegenteil der Säuren sind. Die basischen Stoffe sind in Gemüse, Salat, Rohkost, Obst, Keimlingen und Kartoffeln enthalten. Sie sind fähig, den Überschuss an Säuren zu neutralisieren und aus dem Körper auszuscheiden. Natürlich verfügt der Körper auch über eigene Basen-Reserven. Sie sind Bestandteil unserer Knochen, Knorpel, Gelenke, Sehnen und Bänder. Und werden die basischen Stoffe nicht mit der Nahrung zugeführt, holt der Körper sich diese Substanzen aus den körpereigenen Basen-Depots. Ganz langsam entmineralisiert sich so der Körper, Muskulatur und Knorpel bauen sich ab, und die Knochen entkalken.

Die Haysche Trennkost reguliert den Säuren-Basen-Haushalt, indem der Körper mit hochwertigen Vitaminen, Mineralien und Enzymen versorgt wird. Gleichzeitig finden eine schonende Entgiftung und Entsäuerung statt.

Wir essen ...

Unsere Ernährung – Power für Körper und Geist

Power für den Körper

Energie ist die Grundvoraussetzung für Power. Zunächst stellen wir schon einfach dadurch, dass wir überhaupt essen, unsere allgemeine körperliche Leistungsfähigkeit sicher: Wer ausreichend Energie zuführt, kann auch Leistung bringen, ist wach und bereit, sich anzustrengen.

Nährstoffvielfalt garantiert optimale Leistungsfähigkeit. Körperliche Fitness erreichen Sie nicht allein durch sportliches Training, vielmehr muss auch von innen her alles stimmen: Alle Nährstoffe müssen vorhanden sein, Hormone, Enzyme und Nervenbotenstoffe müssen im Gleichgewicht sein. Die Trennkost garantiert eine hohe Aufnahme an wertvollen Stoffen, da sie auf einer ausgewogenen und vielfältigen Mischung von Nahrungsmitteln mit einem hohen Anteil an wenig verarbeiteter Pflanzenkost basiert. Kombiniert man diese Ernährungsform mit einer ganz allgemein gesunden Lebensweise, steht dem Körper reichlich Energie für alle lebenswichtigen Vorgänge zur Verfügung.

Den **bioaktiven Stoffen** kommen als Powerstoffe für den Körper eine besondere Bedeutung zu: Sie halten die Zellen gesund und bewahren sie vor Angriffen. Damit sichern sie deren optimales Funktionieren und lassen Kraft raubende Reparaturvorgänge erst gar nicht nötig werden. Bioaktive Substanzen sind Schutzfaktoren für die Blutgefäße und wirken positiv auf den Blutdruck, sie sind damit Herz- und Kreislaufmedizin. Die Stoffe können helfen, Entzündungen und Infektionen zu vermeiden beziehungsweise schnell einzudämmen. Und nicht zuletzt tragen sie dazu bei, dass Giftstoffe nicht in den Stoffwechsel gelangen und rasch ausgeschieden werden. Zu den bioaktiven Substanzen gehören die Ballaststoffe, Substanzen in milchsauren Lebensmitteln und die sekundären Pflanzenstoffe.

Power für Nerven und Gehirn

Starke Nerven und ein leistungsfähiges Gehirn – das sind die Voraussetzungen für Ausgeglichenheit, eine heitere Grundstimmung, gute Konzentrationsfähigkeit und geistige Ausdauer. Sie tragen wesentlich zum Wohlbefinden bei und sind nicht zuletzt durch unsere Ernährung beeinflussbar. Verschiedene Nähr- und Biostoffe sind ein wahres Kraftfutter für die Nerven. Dazu gehören komplexe Kohlenhydrate, bestimmte Eiweißbausteine, einige Vitamine sowie Mineralstoffe und Spurenelemente.

Kohlenhydrate sind Grundnahrungsmittel für Nerven und Hirn. Nerven- und Gehirnzellen können im Gegensatz zu allen anderen Köperzellen ausschließlich das Kohlenhydrat Glucose als Energiequelle nutzen. Damit im Blut kontinuierlich ausreichend Glucose vorhanden ist, müssen wir regelmäßig essen – am besten fünfmal am Tag. Dabei sollten viele

Nahrungsmittel mit komplexen, also langkettigen Kohlenhydraten und mit reichlich **Ballaststoffen** auf dem Speiseplan stehen: Vollkorngetreide, Gemüse, Kartoffeln, Obst, Hülsenfrüchte. Kohlenhydrate machen übrigens auch erst die Bildung von Serotonin möglich, einem Nervenbotenstoff, der für eine ausgeglichene und positive Stimmung sorgt.

Eiweiß liefert Bausteine für Nervenbotenstoffe. Bestimmte Bausteine von Eiweißen (Aminosäuren) fungieren teilweise direkt als Nervenbotenstoffe oder werden zum Aufbau dieser benötigt. Diese Aminosäuren können vom Körper nicht selbst gebildet und nicht gespeichert werden, müssen also regelmäßig mit der Nahrung aufgenommen werden. Eine Kost mit den verschiedensten pflanzlichen (Kartoffeln, Vollkorngetreide, Vollkornreis, Nüsse, Gemüse) und tierischen Eiweißen (Fleisch, Geflügel, Fisch, Meeresfrüchte, Eier, Milch und Milchprodukte) liefert eine möglichst große Vielfalt an Aminosäuren.

Auch **Vitamine** sind Nervennahrung. Vitamin E schützt die Nervenzellen vor oxidativem Angriff und Schädigung, der Komplex der B-Vitamine ist für den Stoffwechsel der Nervenbotenstoffe wichtig und Vitamin C wird für den Aufbau einiger dieser Botenstoffe benötigt.

Mineralstoffe und Spurenelemente machen sich für die Nerven stark. Kalzium ist für eine schnelle und reibungslose Übertragung von Signalen in und zwischen Nervenzellen sowie zwischen

Nerven- und Muskelzellen nötig. Es ist außerdem Transportsubstanz für beruhigend wirkende Nervenbotenstoffe. Auch Magnesium wirkt Gereiztheit und Aggressivität und damit negativem Stress entgegen. Eisen ist für die Bildung roter Blutkörperchen wichtig, von deren Menge wiederum die Menge an Sauerstoff abhängt, die zum Gehirn transportiert und dort für die Denkarbeit sowie die Entwicklung neuer Zellen zur Verfügung steht. Chrom wird benötigt, damit der Nervennährstoff Glucose in die Zellen hineingeschleust werden kann.

Die hier beschriebenen Stoffe und ihre Wirkungen stellen nur einen kleinen Ausschnitt aus dem komplizierten Netz an den für Nerven und Gehirn wichtigen Stoffwechselvorgängen und den dafür benötigten Substanzen vor. Von ausschlaggebender Bedeutung ist immer, dass möglichst viele verschiedene und möglichst wenig verarbeitete Nahrungsmittel auf dem Speiseplan stehen und dass wir uns mit einer ausgewogenen Mischung aus rohen und gegarten Speisen ernähren.

Fit mit ...

Vitamine: Funktionen und Vorkommen

	Funktionen im Körper/ wichtig für ... (Auswahl)	Nahrungsmittel mit reichlichem Vorkommen
Vitamin A (Retinol) Beta-Carotin	Regeneration von Haut und Schleimhäuten, Bildung des Seh-purpurs, Schutz vor Zellschäden, Stärkung der Abwehrkraft	Vitamin A: tierische Produkte wie Milch (-produkte), Eier, Leber Beta-Carotin: pflanzliche Produkte wie gelbes und grünes Gemüse (u. a. Feldsalat, Spinat, Paprika-schoten, Karotten), Aprikosen, Kaki, Orangen, Pfirsiche
Vitamin B1 (Thiamin)	Kohlenhydrat-Stoffwechsel, für Nerven und Herz	Vollkorngetreide, Hefe, Hülsenfrüchte, Keime, Erdnüsse, Gemüse, Fleisch, Innereien
Vitamin B2 (Riboflavin)	beteiligt an verschiedensten Stoffwechselvorgängen, Energiegewinnung aus den Hauptnährstoffen, für das Wachstum, Stärkung der Abwehrkraft	Vollkorngetreide, Keime, Milch (-produkte), Eier, Hefe, Fleisch, Innereien, Fisch, Gemüse
Niacin (Vitamin B3)	Gewinnung von Energie im Stoffwechsel	Vollkorngetreide, Hülsenfrüchte, Pilze, Kartoffeln, Fleisch, Leber, Fisch, Milch (-produkte), Eier, Hefe, getrocknete Aprikosen
Pantothensäure (Vitamin B5)	am Stoffwechsel aller primären Nahrungsbausteine beteiligt, für Haut und Haare	Innereien, Fleisch, Fisch, Hefe, Eigelb, Vollkorngetreide, Obst (v. a. Melone), Gemüse (u. a. Brokkoli, Pilze), Milch (-produkte)
Vitamin B6 (Pyridoxin)	am Eiweißstoffwechsel beteiligt und damit für das Wachstum unverzichtbar, Bildung von rotem Blutfarbstoff, Infektabwehr	Hefe, Fleisch, Fisch, Innereien, Vollkorngetreide, Weizenkeime, Soja, Erdnüsse, Kartoffeln, Banane, grünes Gemüse (z. B. Kohl, Lauch), Karotten

Vitamine: Funktionen und Vorkommen

	Funktionen im Körper/ wichtig für ... (Auswahl)	Nahrungsmittel mit reichlichem Vorkommen
Folsäure (Vitamin B9)	Teilung und Neubildung von Zellen, damit auch wichtig für die Bildung von roten Blutkörperchen	Gemüse (v. a. Rote Bete, Spinat, Fenchel, Spargel, Rosenkohl), Sauerkirschen, Hefe, Leber, Vollkorngetreide
Vitamin B12 (Cobalamin)	an vielen Stoffwechselreaktionen und an der Umwandlung von Folsäure in die aktive Form beteiligt, Schutz des Zellinnenraums, Stärkung der Abwehrkraft, wichtig für das Bindegewebe	Innereien, Fleisch, Fisch, Milch (-produkte), Eier, milchsaures Gemüse
Pangamsäure (Vitamin B15)	Sauerstoffausnutzung der Zellen	in allen Samen, Hefe, Obst, Gemüse, Leber
Vitamin C	Zellaufbau, Bildung und Erhaltung von Stützgewebe, Schutz der Zellen vor Oxidation, Stärkung der Abwehrkraft	Gemüse (v. a. Kohl, Spinat, Paprikaschoten, Kartoffeln, Petersilie), Obst (v. a. Zitrusfrüchte und schwarze Johannisbeeren, Kiwis, Sanddorn)
Vitamin D Provitamin D	Kalziumaufnahme, Bildung von Knochen, Knorpeln und Zähnen, Regulation der Phosphoraufnahme und Phosphatausscheidung	Vitamin D: Fettfische wie Sardinen, Heringe, Lachs Provitamin D: Pilze, Hefe
Vitamin E	Schutz vor Oxidation, Schutz der Zellwände, Unterstützung der Leber bei der Entgiftung	pflanzliche Fette und Öle, Wal- und Haselnüsse
Biotin (Vitamin H)	beteiligt an der Bildung von Fettsäuren im Körper sowie an der Bildung eines Blutgerinnungsfaktors, wichtig im Zellstoffwechsel, für die Erneuerung von Zellen, für Nerven, Haut und Haare	Innereien, Hefe, Eier, Vollkorngetreide, Soja (-produkte), Keime, Nüsse, Karotten, Erbsen, Champignons
Vitamin K	Blutgerinnung, Knochenaufbau	grünes Blattgemüse (u. a. Spinat, Grünkohl)

Munter mit ...

Mineralstoffe und Spurenelemente: Funktionen und Vorkommen

	Funktionen im Körper/ wichtig für ... (Auswahl)	Nahrungsmittel mit reichlichem Vorkommen
Chrom	wird zum Einschleusen von Glucose in die Zellen benötigt, verhindert u. a. Altersdiabetes	Hefe, Weizenkeime, Vollkorngetreide, Gewürze (v. a. schwarzer Pfeffer), Maiskeimöl, Eigelb, Leber, Rindfleisch
Eisen	Enzymbaustein, Baustein von rotem Blutfarbstoff und rotem Muskelfarbstoff	Hefe, Nüsse, Vollkorngetreide, Hülsenfrüchte, Innereien, Schalentiere
Fluor	für Knochen- und Zahnaufbau	in fast allen Nahrungsmitteln ausreichend vorhanden, besonders hohe Mengen in Seefischen, Walnüssen, Sojabohnen
Jod	Bildung der Schilddrüsenhormone	Meerestiere, Algen, Meersalz, jodiertes Speisesalz
Kalium	Nährstoffaustausch durch die Zellmembranen, Aktivierung verschiedener Enzyme, bioelektrisches Verhalten der Zellen	Hefe, Trockenobst, Hülsenfrüchte, Vollkorngetreide, Gemüse, Fisch, Fleisch, Obst
Kalzium	Knochen- und Zahnaufbau, Reizübertragung in den Nerven und von den Nerven auf die Muskeln, Muskelkontraktion, Blutgerinnung	Milch (-produkte), Sojabohnen, Hefe, grünes Gemüse (z. B. Spinat), Nüsse, Eier
Kobalt	Beteiligung am Aufbau von Vitamin B12	in Vitamin-B12-haltigen Nahrungsmitteln
Kupfer	Enzymbestandteil (v. a. Bestandteil antioxidativ wirkender Enzyme), nötig für die Bildung roter Blutkörperchen	in fast allen Nahrungsmitteln, besonders in Leber, Hefe, Schalentieren, Nüssen, Kakao, Vollkorngetreide, grünem Gemüse
Magnesium	Knochen- und Zahnaufbau, Aktivierung verschiedener Enzyme, Reizübertragung von den Nerven auf die Muskeln	Vollkorngetreide, Sojabohnen, Hefe, Nüsse

Mineralstoffe und Spurenelemente: Funktionen und Vorkommen

	Funktionen im Körper/ wichtig für ... (Auswahl)	Nahrungsmittel mit reichlichem Vorkommen
Mangan	Enzymbestandteil und -aktivator, unterstützt Vitamin B1 in seiner Funktion	Teeblätter, Vollkorngetreide, Hülsenfrüchte, Nüsse, Kakao, tropische Früchte
Molybdän	Enzymbestandteil (u. a. von Enzymen, die am Abbau von Nitriten beteiligt sind), begünstigt die Einlagerung von Fluor in den Zahnschmelz	Hülsenfrüchte, Vollkorngetreide, Sonnenblumenkerne, Naturreis, Mais, Innereien, Eier
Natrium und Chlor	Nährstoffaustausch durch die Zellmembranen	als Kochsalz in allen zubereiteten Lebensmitteln
Nickel	Bestandteil von Enzymen	Kakao, Tee, Hefe, Hülsenfrüchte, Kaffee, Nüsse, Getreide
Phosphor	Knochen- und Zahnaufbau, beteiligt am Säure-Basen-Gleichgewicht	in allen tierischen und pflanzlichen Lebensmitteln
Schwefel	für Binde- und Stützgewebe, Haut, Haare, Nägel, Hemmung der Blutgerinnung, Radikalenfänger, Entgiftung, Bestandteil von Insulin	alle Zwiebelgewächse, Kohl, Senf, Meerrettich, Eier, Fleisch, Fisch, Nüsse
Selen	Aktivierung von Enzymen, Schutz der Zellen vor Oxidation	Vollkorngetreide (abhängig vom Selengehalt der Böden), Innereien, Meerestiere, Soja (-produkte), Hefe
Silicium	Bestandteil von Arterien, Knorpeln, Knochen, Zähnen, Haut, Hinweise auf entzündungshemmende Wirkung	alle pflanzlichen Nahrungsmittel, besonders die stark pektinhaltigen (Äpfel, Birnen, Bananen, Feigen, Zitrusfrüchte), Mineralwässer
Zink	Baustein von Enzymen, Aktivierung von Enzymen	Innereien, Fleisch, Meerestiere (v. a. Austern), Vollkorngetreide, Hefe, Käse, Eier
Zinn	Regulation der Salzsäureproduktion im Magen	in den meisten pflanzlichen und tierischen Lebensmitteln

Bioaktive Substanzen: Funktionen und Vorkommen

	Funktionen im Körper/ wichtig für... (Auswahl)	Nahrungsmittel mit reichlichem Vorkommen
Ballaststoffe	krebsvorbeugend, Stärkung des Immunsystems, blutdruckregulierend, Normalisierung des Cholesterinspiegels, verdauungsfördernd	Vollkorngetreide, Vollkornprodukte, Hülsenfrüchte, Artischocken, Schwarzwurzeln, Leinsamen, Mohnsamen, Naturreis, Obst
Substanzen in fermentierten Lebensmitteln	krebsvorbeugend, antimikrobiell, Stärkung des Immunsystems, Normalisierung des Cholesterinspiegels	alle Sauermilchprodukte, Sauerkraut
Carotinoide	krebsvorbeugend, antioxidativ, Stärkung des Immunsystems, Normalisierung des Cholesterinspiegels	Aprikosen, Nektarinen, Orangen, Pfirsiche, Wassermelone, Blattsalate, Brokkoli, Chinakohl, Grünkohl, Kürbis, Möhre, Rosenkohl, Tomaten, Mais
Phytosterine	krebsvorbeugend, Normalisierung des Cholesterinspiegels	Möhre, Sojabohnen, Hafer, alle Nüsse und Samen
Saponine	krebsvorbeugend, antimikrobiell, Stärkung des Immunsystems, Normalisierung des Cholesterinspiegels	grüne Bohnen, Tomaten, alle Hülsenfrüchte, Hafer, Reis, Weizen
Glucosinolate	krebsvorbeugend, antimikrobiell, Normalisierung des Cholesterinspiegels	Blumenkohl, Brokkoli, Chinakohl, Grünkohl, Kohlrabi, Radieschen, Rettich, Rosenkohl, Rotkohl, Weißkohl

Bioaktive Substanzen: Funktionen und Vorkommen

	Funktionen im Körper/ wichtig für...(Auswahl)	Nahrungsmittel mit reichlichem Vorkommen
Polyphenole	krebsvorbeugend, antimikrobiell, antioxidativ, antithrombotisch, Stärkung des Immunsystems, entzündungshemmend, blutdruckregulierend, Regulation des Blutzuckerspiegels	Äpfel, Aprikosen, Beeren, Grapefruit, Kirschen, Orangen, Weintrauben, Blattsalate, Blumenkohl, Brokkoli, Chinakohl, grüne Bohnen, Grünkohl, Kartoffeln, Kohlrabi, Kürbis, Möhre, Paprika, Radieschen, Rettich, Rosenkohl, Rotkohl, Sellerie, Tomaten, Weißkohl, Zwiebeln, Erbsen, Sojabohnen, alle Vollkorngetreide, Leinsamen, Walnüsse
Proteasen-Inhibitoren	krebsvorbeugend, antioxidativ	Kartoffeln, Erbsen, Erdnüsse, Sojabohnen, Hafer, Mais, Reis, Weizen
Terpene	krebsvorbeugend, antimikrobiell	Aprikosen, Grapefruit, Heidelbeeren, Orangen, Weintrauben, Sellerie
Sulfide	krebsvorbeugend, antimikrobiell, antioxidativ, antithrombotisch, Stärkung des Immunsystems, entzündungshemmend, blutdruckregulierend, Normalisierung des Cholesterinspiegels, verdauungsfördernd	Knoblauch, Zwiebeln
Chlorophyll	krebsvorbeugend	alle grünen Pflanzenteile
Phytinsäure	krebsvorbeugend, antioxidativ, Stärkung des Immunsystems, Regulation des Blutzuckerspiegels	alle Hülsenfrüchte, alle Vollkorngetreide, alle Ölsaaten

Jetzt gehts los: Tipps für Trennkost-Neulinge

Um Ihnen den Start in die neue Ernährungsweise zu erleichtern, hier einige Informationen.

›› Kombinieren Sie innerhalb einer Mahlzeit nur Nahrungsmittel, die zusammen gehören. Für eine Eiweißmahlzeit kombinieren Sie z. B. Fleisch und Gemüse. Essen Sie dazu keine kohlenhydratreichen Beilagen wie Kartoffeln oder Nudeln.

›› Wählen Sie bei einer Kohlenhydratmahlzeit, z. B. einem Nudelgericht, als Beilage Gemüse oder Salat.

›› Essen Sie fünfmal am Tag. Dies ist wichtig, um den Blutzuckerspiegel konstant zu halten und nicht in eine Phase der Unterzuckerung zu kommen. Denn dabei drohen Heißhungerattacken und unkontrolliertes Essen.

Esspausen

Folgende Abstände wirken sich günstig auf Ihr Wohlbefinden aus.

Mahlzeit	Uhrzeit	Esspause
Frühstück	8.00	2 – 3 Std.
1. Zwischenmahlzeit	11.00	1 1/2 Std.
Mittagessen	12.30	3 – 4 Std.
2. Zwischenmahlzeit	16.00	2 – 3 Std.
Abendessen	19.00	13 Std.

Nach dem Abendessen sollte die Nahrungsaufnahme für diesen Tag abgeschlossen sein. Betrachten Sie diese Zeitvorgaben nur als Anregung und finden Sie Ihren eigenen Essrhythmus.

Die „Entschlackungssuppe"

Die Entschlackungssuppe entwässert, entgiftet, entschlackt und besitzt außerdem einen hohen Sättigungswert. Beginnen Sie Ihren Einstieg in die Trennkost mit einem Entschlackungstag, an dem Sie nur diese Suppe und 1,5 – 3 l Mineralwasser zu sich nehmen. Für die Suppe benötigen Sie 3 Kartoffeln, 3 kleine Stangen Lauch, 3 Möhren, 1 dicke Zwiebel und 1 Stück Knollensellerie. Das Gewicht der Zutaten spielt keine Rolle. Alles in Stücke schneiden und mit Wasser bedeckt in einen Topf geben. Das Ganze etwa 20 Minuten kochen. Zum Abschmecken sollten Sie nach Möglichkeit kein Salz verwenden, sondern nur frische oder getrocknete Kräuter, Gewürze oder auch Knoblauch.

Ein Wort zu den Getränken

›› Milch, Kakao, alkoholische Getränke, Limonaden, Kaffee und schwarzer Tee rechnet man zu den Genussmitteln – zum Durstlöschen oder gar zur Reinigung der Körperzellen sind sie ungeeignet.

›› Wer zum Frühstück auf Kaffee oder Tee nicht verzichten möchte, sollte die Säure mit ein wenig Sahne mildern.

›› Trinken Sie vor den Mahlzeiten in kleinen Schlucken ein großes Glas Wasser oder Tee.

›› Um den Durst zu stillen und den Wasserhaushalt im Körper ausgewogen zu erhalten, sind Wasser, ungesüßte Früchtetees oder stark verdünnte Obstsäfte die besten Wahl.

Trennungsplan

Hier sehen Sie, welche Lebensmittel in welche Gruppe gehört.
Damit ist der erste Schritt für die richtige Trennkost gemacht.

Info

Tipps

Obst
Obwohl Obst keine Säuren bildet, wird es zur Eiweißgruppe gezählt. Denn Obst, das ja meist viel Fruchtsäure enthält, kann die Verdauung von kohlenhydratreichen Lebensmitteln behindern.

Panieren
Verwenden Sie zum Panieren von Lebensmitteln aus der Eiweißgruppe kein Paniermehl, sondern Sesamsamen, gemahlene Mandeln oder gemahlene Nüsse, alles neutrale Lebensmittel.

Frikadellen
Nehmen Sie statt des Brötchens fein geriebene Möhren oder Quark zur Lockerung.

Zitronensaft
Zitronensaft darf auch zum Abschmecken von Gerichten aus der neutralen Gruppe verwendet werden.

Wein und Bier
Zu besonderen Gelegenheiten oder festlichen Anlässen kann man zu Eiweißmahlzeiten ein Glas trockenen Wein und zu Kohlenhydratmahlzeiten ein Glas Bier trinken.

Was Sie vermeiden sollten

weißes Mehl
und daraus hergestellte Produkte
Hier fehlen Vitamine und Ballaststoffe.

polierter Reis
Hier fehlen Vitamine und Ballaststoffe.

Zucker
und damit hergestellte Produkte
Zucker lässt den Blutzucker in Sekundenschnelle ansteigen. Insulin nimmt zwar die Zuckerstoffe wieder heraus, verwandelt diese aber in Fette.

Süßstoffe
Süßstoffe erzeugen Hunger und werden aus diesem Grund in der Schweinemast eingesetzt.

Fertiggerichte und Konserven
Hier fehlen wichtige Mineralstoffe und Vitamine. Außerdem wird durch Geschmacksverstärker der Appetit übermäßig angeregt.

Schweinefleisch
und Produkte aus Schweinefleisch

rohes Fleisch
Rohes Fleisch kann Bakterien (z. B. Salmonellen) und lebende Kleinstorganismen enthalten. Aus diesem Grund sollte darauf verzichtet werden.

rohes Eiweiß von Eiern
Auch hier besteht die Gefahr von Bakterien, zum Beispiel Salmonellen.

Getrocknete Hülsenfrüchte
z. B. Erbsen, Bohnen, Linsen
Diese sind schwer verdaulich, da Eiweiße und Kohlenhydrate in fast gleich großen Mengen vorhanden sind.

Erdnüsse
Sie gehören zu den Hülsenfrüchten und sind ebenfalls schwer verdaulich.

Preiselbeeren
Diese Früchte sollte man wegen des hohen Zuckergehalts meiden.

fertige Majonnaise
Majonnaisen werden oft aus minderwertigen Ölen hergestellt. Reformhausmajonnaise oder Majonnaisen mit Verweis auf das eingesetzte, hochwertige Öl können verwendet werden.

gehärtete Fette
z. B. Margarinen mit gehärteten Fetten, weiße, feste Frittier- und Plattenfette
Gehärtete Fette treiben bedingt den Körpercholesterinspiegel in die Höhe. Gehärtete Fette stecken in vielen Fertiggerichten, Süßwaren, Gebäck und Eis.

Koffein, Zucker, Alkohol, schwarzer Tee, Kaffee, Kakao, Limonaden, Malzbier, hochprozentige Spirituosen
Koffein (auch im Tee enthalten), Zucker und Alkohol zählen zu den Genussmitteln und sind zudem Säurebildner.

Kombiniere – ...

Eiweißgruppe

Fleisch, Geflügel und Wurst

Rind
gegartes Rindfleisch,
z. B. Bratenfleisch, Rouladen,
Gulaschfleisch, Steaks, Hackfleisch und Geschnetzeltes

Kalb
gegartes Kalbfleisch,
z. B. Schnitzel und Bratenfleisch

Lamm
gegartes Lamm- und Schafs-
fleisch,
z. B. Koteletts, Keule und Rücken

Geflügel
gegartes Fleisch von Geflügel,
z. B. Pute, Gans, Ente, Hähnchen

Aufschnitt
gegarter Aufschnitt oder
gegarte Würstchen aus Rind-,
Schafs- oder Geflügelfleisch,
z. B. Rindswurst, Corned Beef,
Aspik- und Geleeaufschnitt,
Geflügelwurst

Fisch und Meeresfrüchte

Fisch
ungeräucherter, gegarter Fisch,
z. B. Seelachs, Kabeljau, Lachs,
Rotbarsch, Heilbutt, Thunfisch,
Makrele, Hering, Forelle, Hecht

Schalen- und Krustentiere
gegarte Schalen- und
Krustentiere,
z. B. Muscheln, Garnelen, Krabben

Obst

Weintrauben

Beerenfrüchte
z. B. Erdbeeren, Himbeeren,
Brombeeren, Johannisbeeren
(Ausnahmen: Heidelbeeren,
die sind neutral, und Preisel-
beeren, die sollten ganz
vermieden werden)

Kernobstsorten
z. B. säuerliche Äpfel, Birnen
und Quitten (Ausnahme:
mrbe, süße Äpfel, die gehören
zur Kohlenhydratgruppe)

Steinobstsorten
z. B. Pfirsiche, Aprikosen,
Pflaumen und Kirschen

Zitrusfrüchte
z. B. Orangen, Mandarinen,
Zitronen und Grapefruits

exotische Obstsorten
z. B. Mango, Maracuja, Kiwi,
Papaya, Ananas, Litschis
(Ausnahmen: Bananen, frische
Feigen und frische Datteln
gehören zur Kohlenhydratgruppe)

Eier, Milch und Käse

Eier, Eiweiß und Eigelb
(rohes Eiweiß möglichst vermeiden)

Milch
alle Trinkmilchsorten

Käse
Käsesorten bis zu 60 % Fett i. Tr.,
z. B. Harzer Käse, Edamer,
Emmentaler, Gouda, Tilsiter
(achten Sie auf die Fettangaben
auf der Verpackung).
Ausnahmen: Schafs- und Ziegenkäse, Mozzarella, Feta und Hüttenkäse gehören zur neutralen Gruppe

Getränke

Erfrischungsgetränke
kalter Früchtetee, Obstsäfte,
mit Wasser verdünnte
Obstsäfte

Heiße Getränke
Früchtetee

Alkoholische Getränke
Apfelwein, herber Weiß-, Rot-
und Roséwein, trockener Sekt

Sonstiges

Sojaprodukte
z. B. Tofu, mit Soja hergestellte
Brotaufstriche

gekochte Tomaten

Neutrale Gruppe

Diese Lebensmittel sind gesund und enthalten wenig Fett. Davon dürfen Sie so viel essen, wie Sie mögen!

Obst und Gemüse

alle Gemüse
z. B. Artischocken, Avocados, Brokkoli, grüne Bohnen, Chinakohl, grüne Erbsen, Fenchel, Gurken, Knoblauch, Kohlrabi, Lauch, frischer Mais, Mangold, Paprikaschoten, Radieschen, Rettich, Rote Bete, Rosenkohl, Sauerkraut, Spargel, Spinat, rohe Tomaten, Weißkohl, Zwiebeln, Zucchini

Blattsalate
z. B. Kopfsalat, Endiviensalat, Feldsalat, Eisbergsalat, Rauke, Römischer Salat, Radicchio

Pilze
z. B. Austernpilze, Champignons, Pfifferlinge, Steinpilze

Keime und Sprossen
z. B. Mungobohnenkeimlinge, GAlfalfal Sojabohnensprossen

Heidelbeeren

Sonstiges

Gewürze
Kräuter, Gewürze, Zitrusschalen

Getränke
Kräutertees, Rotbuschtee, Gemüsesäfte, Getreidekaffee

Geliermitttel
Gelatine, Agar-Agar, Nestargel oder Biobin (Reformhaus)

Diese Lebensmittel sollten Sie auf Grund ihrer Zusammensetzung nur sparsam einsetzen!

Milchprodukte

Gesäuerte Milchprodukte
z. B. Joghurt, Quark, vergorenes Molkekonzentrat (Molkosan)

Fettreiche Milchprodukte
z. B. süße Sahne, Crème fraîche

Käse
alle Käsesorten ab 60 % Fett i.Tr. sowie alle Weißkäsesorten, z. B. Schafs- und Ziegenkäse, Feta, Mozzarella, körniger Frischkäse

Fettreiche Lebensmittel

Öle, Margarine, Butter
Öle und Margarine mit einem hohen Anteil an ungesättigten Fettsäuren bevorzugen, Margarine mit gehärteten Fetten meiden

Wurstwaren
roh luftgetrocknete oder roh geräucherte Sorten, z. B. Bündner Fleisch, Rind-, Schafs- und Geflügelsalami

Nüsse, Mandeln, Samen

Sonstiges

Fisch roh, mariniert, geräuchert, **ungeschwefelte Rosinen, Oliven, Eigelb, Hefe, Gemüsebrühe**

Kohlenhydratgruppe

Gertreide, Brot, Reis

Vollkorngetreide
Vollkorngetreide und Produkte aus Vollkorngetreide

Kartoffel, Gemüse, Obst

Kartoffeln, Grünkohl, Schwarzwurzeln, Topinambur

Bananen; mürbe, süße Äpfel; frische Feigen; frische Datteln

ungeschwefeltes Trockenobst
(Ausnahme: Rosinen gehören zur neutralen Gruppe)

Süßungsmittel

Frutilose, Honig, Ahornsirup, Birnen- und Apfeldicksaft
Süßungsmittel dürfen in kleinen Mengen auch zum Abschmecken von neutralen und Eiweißgerichten verwendet werden.

Sonstiges

Bier, Kartoffelstärke, Weinstein-backpulver, Puddingpulver
(ohne Farbstoff), **Carobe** (das Pulver wird wie Kakao verwendet und ist in Naturkostläden erhältlich)

Frühstück, Drinks

Ein guter Start in den Tag beginnt mit einem leckeren, munter machenden Frühstück. Die Rezepte dieses Kapitels bieten für jeden etwas: Für Süßschnäbel und für diejenigen, die schon morgens gern etwas Herzhaftes essen. Die vitaminreichen Drinks machen garantiert auch Morgenmuffel munter. Mixgetränke mit Milchprodukten bieten sich später an, um zwischen den Hauptmahlzeiten für Energienachschub zu sorgen. Und wer als Snack lieber etwas Handfestes genießt, den hält ein raffiniert belegtes Brot oder ein Salat bei Kräften und Laune.

Mozzarella-Brötchen

▶ **KOHLENHYDRAT**

▶ **Zubereitungszeit: ca. 5 Minuten**
ca. 370 kcal pro Portion

▶ *Zutaten für 2 Personen*

2 Vollkornbrötchen
4 TL weiche Butter
2 Fleischtomaten
150 g Mozzarella
10 Blättchen Basilikum

1. Die Brötchen aufschneiden und die unteren Hälften mit der Butter bestreichen.

2. Die Tomaten waschen, trockentupfen, vom Stielansatz befreien, je 3 Scheiben davon abschneiden und auf die unteren Brötchenhälften legen.

3. Den Mozzarella ebenfalls in Scheiben schneiden und auf die Tomaten geben. Das Basilikum waschen und trockentupfen.

4. Anschließend die belegten Hälften mit den Basilikumblättchen garnieren und die oberen Hälften darauf setzen. Die restliche Tomate in Stücke schneiden und zusammen mit den Brötchen anrichten.

Knusperjoghurt

▶ **KOHLENHYDRAT**

▶ **Zubereitungszeit: ca. 15 Minuten**
ca. 300 kcal pro Portion

▶ *Zutaten für 2 Personen*

2 Scheiben Vollkornknäckebrot
1 große Banane
300 g Vollmilchjoghurt
2 EL Ahornsirup
2 EL Sonnenblumenkerne

1. Das Knäckebrot in einen Plastikbeutel geben und mit dem Nudelholz zerbröckeln.

2. Die Banane schälen und in Scheiben schneiden.

3. Den Joghurt mit dem Ahornsirup glatt rühren und die Knäckebrot-Brösel und die Bananenscheiben darunter mischen.

4. Den Knusperjoghurt in 2 kleine Schälchen verteilen und mit den Sonnenblumenkernen bestreuen.

Paprikaquark

▶ **NEUTRAL**

▶ Zubereitungszeit: ca. 15 Minuten
ca. 200 kcal pro Portion

▶ *Zutaten für 2 Personen*

300 g Quark (20 % Fett i. Tr.)
4 EL Mineralwasser
Meersalz
¹/₄ TL Paprikapulver, rosenscharf
1 rote Paprikaschote
1 Kästchen Kresse
200 g Cocktailtomaten

1. Den Quark zusammen mit dem Wasser in eine Schüssel geben, mit einem Schneebesen glatt rühren und mit Salz und Rosenpaprika kräftig abschmecken.

2. Die Paprikaschote putzen, waschen, trockentupfen, sehr fein würfeln und unter Rühren etwa 5 Minuten im eigenen Saft dünsten, dann abkühlen lassen. Die gedünsteten Paprikawürfel unter den angerührten Quark heben.

3. Die Kresse von der Pflanzunterlage abschneiden, in einem Sieb abspülen und trockentupfen. Den Paprikaquark auf 2 kleine Teller verteilen und die Kresse dekorativ daneben anrichten. Die Tomaten waschen, trockentupfen, halbieren und sie auf und neben der Kresse verteilen.

Tipp: Mit Vollkornbrot gehört dieser Quark zur Kohlenhydratgruppe, mit einem gekochten Ei erhalten Sie ein Eiweißgericht.

Der scharfe Geschmack der Kresse bringt nicht nur die Geschmacksnerven auf Trab, sondern macht auch Bakterien das Leben schwer. Verantwortlich für beides sind Senföle, die vor allem bei Harnwegsinfektionen eine starke antibiotische Wirkung haben.

Grapefruitsalat mit Joghurtsauce

▶ **EIWEISS**

▶ **Zubereitungszeit: ca. 10 Minuten
ca. 370 kcal pro Portion**

▶ *Zutaten für 2 Personen*

*4 EL gehackte Mandeln
2 Grapefruits
300 g Vollmilchjoghurt
100 ml frisch gepresster
  Orangensaft
2 EL Frutilose*

1. Die Mandeln in einer beschichteten Pfanne ohne Fettzugabe kurz anrösten und abkühlen lassen.

2. Inzwischen die Grapefruits schälen, in Spalten teilen und diese gegebenenfalls von zu dicken Trennhäuten sorgfältig befreien. Die Grapefruitfilets in 2 kleine Schüsseln verteilen.

3. Den Joghurt mit dem Orangensaft und der Frutilose cremig verrühren und die Sauce über die Grapefruitfilets geben. Das Ganze mit den gerösteten Mandeln bestreut servieren.

Käsehappen

▶ **KOHLENHYDRATE**

▶ **Zubereitungszeit: ca. 10 Min.
ca. 480 kcal pro Portion**

▶ *Zutaten für 2 Personen*

*3 Scheiben eckiges Vollkornbrot
6 TL weiche Butter
12 Gurkenscheiben
120 g Camembert (60 % Fett i. Tr.)
1 kleines Bund Schnittlauch,
  in Röllchen*

1. Die Brotscheiben exakt aufeinander legen und in 4 Quadrate schneiden.

2. Die 12 Brotscheiben mit der Butter bestreichen und mit den Gurkenscheiben belegen. Dann den Käse in Scheiben schneiden, auf den Gurken verteilen und alles mit dem Schnittlauch bestreuen.

Fruchtige Lachsröllchen

▶ **EIWEISS**

▶ **Zubereitungszeit: ca. 20 Min.**
ca. 440 kcal pro Portion

▶ *Zutaten für 2 Personen*

1 rosa Grapefruit
100 g Salatgurke
150 g Frischkäse
Meersalz
1 kleines Bund Dill
6 Blätter Friséesalat
6 Scheiben Räucherlachs
6 Zitronenspalten

1. Die Grapefruit schälen und die Filets mit einem scharfen Messer aus den Trennhäuten herausschneiden. Die Gurke schälen, die Kerne mit einem Löffel herausschaben und das Fruchtfleisch fein hacken.

2. Den Frischkäse leicht salzen und mit den Gurkenstücken mischen. Den Dill waschen und trockentupfen. Einige Dillfähnchen für die Garnitur beiseite legen, den Rest fein hacken und mit der Frischkäsecreme verrühren. Die Salatblätter waschen und trockenschütteln.

3. Die Frischkäsecreme in 6 Portionen teilen. Diese jeweils zusammen mit 1 Salatblatt und 1–2 Grapefruitfilets auf 1 Lachsscheibe geben und diese zusammenrollen. Die Lachsröllchen anschließend auf einer Platte anrichten und mit den Zitronenspalten und den Dillfähnchen garnieren.

Obwohl Lachs mit mehr als 10 % Fett zu den fettreichen Seefischen zählt, ist er dennoch gesund: Seine Omega-3-Fettsäuren sind gut für Blut und Gefäße und senken dadurch das Infarkt-Risiko.

Bananenjoghurt mit Keimlingen

Während des Keimprozesses entfaltet sich eine unglaubliche Aktivität im Samenkorn: Die Enzyme vermehren sich um ein Vielfaches und der Vitamingehalt steigt sprunghaft an. Nutzen Sie diese konzentrierte Power!

▶ KOHLENHYDRAT

▶ Zubereitungszeit: ca. 10 Minuten
ca. 250 kcal pro Portion

▶ *Zutaten für 2 Personen*

2 kleine Bananen
300 g Vollmilchjoghurt
8 EL Keimlinge (z. B. Mungbohnen)

1. Die Bananen schälen und in dünne Scheiben schneiden.

2. Den Joghurt mit einem Schneebesen cremig rühren und die Bananenscheiben darunter heben.

3. Den Bananenjoghurt in 2 Schälchen füllen und mit den Keimlingen bestreuen.

Melonen-Käse-Salat

Nicht umsonst wachsen Melonen in den sonnigen Regionen der Welt: Die in den saftigen Früchten enthaltenen Carotinoide bilden einen inneren Schutzschild gegen Hautschäden durch Sonnenstrahlung.

▶ EIWEISS

▶ Zubereitungszeit: ca. 30 Minuten
Kühlzeit: ca. 1 Stunde
ca. 310 kcal pro Portion

▶ *Zutaten für 2 Personen*

1 Netzmelone
1 fester, säuerlicher Apfel
2 EL Zitronensaft
50 g Rosinen
60 g Gouda
100 ml frisch gepresster
 Orangensaft
einige Minzeblättchen
 zum Garnieren

1. Die Melone halbieren, entkernen und das Fruchtfleisch mit einem Kugelausstecher herauslösen. Die Melonenschalen aufbewahren.

2. Den Apfel waschen, vierteln, entkernen, das Fruchtfleisch grob würfeln und mit dem Zitronensaft beträufeln.

3. Die Rosinen mit kochendem Wasser überbrühen und 5 Minuten quellen lassen. Anschließend in ein Sieb geben und gut abtropfen lassen.

4. Den Käse in dünne Stifte schneiden. Alle Zutaten miteinander mischen, mit dem Orangensaft übergießen und das Ganze in die Melonenhälften füllen. Den Salat mit den Minzeblättchen garnieren und gekühlt servieren.

Tipp: Damit die Melonenhälften besser stehen, sollten Sie die Böden gerade schneiden.

Süßer Reis mit Rosinen

▶ **KOHLENHYDRAT**

▶ **Zubereitungszeit: ca. 40 Minuten**
ca. 400 kcal pro Portion

▶ *Zutaten für 2 Personen*

100 g Sahne
1 Prise Meersalz
1 TL Vanillepulver
2 EL Honig
abgeriebene Schale von
¹/₂ unbehandelten Zitrone
60 g Vollkorn-Milchreis
50 g ungeschwefelte Rosinen
1 TL Zimtpulver

1. Die Sahne mit 200 ml Wasser mischen und zusammen mit Salz, Vanillepulver, Honig und Zitronenschale in einen Topf geben und zum Kochen bringen.

2. Den Reis waschen, abtropfen lassen, in die Flüssigkeit geben und unter gelegentlichem Umrühren zugedeckt etwa 35 Minuten köcheln lassen.

3. Kurz vor Ende der Garzeit die Rosinen abspülen und zufügen. Den Rosinenreis auf 2 Teller verteilen oder in 2 verschließbare Behälter geben und mit dem Zimt bestäuben.

Tipp: Der Rosinenreis eignet sich sehr gut zum Mitnehmen, da er kalt und warm gegessen werden kann.

Der Zucker der Trockenfrüchte wird rasch vom Körper aufgenommen, die komplexen Kohlenhydrate im Vollkornreis sichern anschließend den kontinuierlichen Energienachschub – der ideale Mix für schnelle Power auf Dauer!

Orangenbecher mit Zitronensauce

Orangen und Zitronen sind wahre Vitamin-C-Bomben! Dadurch stärken sie nicht nur das Immunsystem, sondern geben auch dem Gehirn Power, denn Vitamin C fördert die Weiterleitung von Informationen in den Nerven.

▶ EIWEISS

▶ Zubereitungszeit: ca. 15 Minuten
ca. 360 kcal pro Portion

▶ *Zutaten für 2 Personen*

4 große, saftige Orangen
300 g Sahnejoghurt
2 EL Zitronensaft
4 TL Frutilose
10 Blättchen Zitronenmelisse

1. Die Orangen sorgfältig schälen und das Fruchtfleisch in kleine Würfel schneiden.

2. Die Fruchtwürfel in 2 dekorative Becher verteilen.

3. Aus Joghurt, Zitronensaft und Frutilose eine Sauce rühren und über die Fruchtstücke gießen.

4. Die Zitronenmelisse waschen, trockentupfen, fein hacken und die Orangenbecher damit garnieren.

Apfel-Nuss-Sandwich

Äpfel enthalten reichlich Pektin. Dieser Ballaststoff quillt in Flüssigkeit auf und sorgt als „innere Müllabfuhr" dafür, dass Giftstoffe im Darm gebunden und aus dem Körper transportiert werden.

▶ KOHLENHYDRAT

▶ Zubereitungszeit: ca. 10 Minuten
ca. 340 kcal pro Portion

▶ *Zutaten für 2 Personen*

2 Scheiben Vollkornbrot
4 EL cremiger Frischkäse
2 kleine, mürbe Äpfel
5–6 Blätter Friséesalat
4 EL Radieschensprossen
2 EL gehackte Walnüsse

1. Die Brotscheiben halbieren und mit dem Frischkäse bestreichen.

2. Die Äpfel waschen, vierteln und das Kerngehäuse herausschneiden. Den Salat und die Sprossen waschen und trockentupfen.

3. Je 2 Apfelviertel in Spalten schneiden, auf je 1 Brothälfte legen und mit dem Salat belegen.

4. Anschließend die Brote mit den Sprossen und den Nüssen bestreuen und die übrigen beiden Brothälften darauf legen. Die restlichen Apfelviertel zum Brot servieren.

Möhren-Ananas-Salat

▶ **EIWEISS**

▶ **Zubereitungszeit: ca. 15 Minuten**
ca. 240 kcal pro Portion

▶ *Zutaten für 2 Personen*

4 Möhren
¹/₂ frische Ananas
3 EL süße Sahne
2 TL Ahornsirup

1. Die Möhren schälen, waschen und mit der Gemüseraspel oder Küchenmaschine fein raspeln.

2. Den Kopf und den Boden von der Ananas abschneiden. Die Frucht aufstellen und die Schale entfernen. Danach mit einem kleinen Messer die verbliebenen „Augen" herausnehmen. Die Ananas der Länge nach vierteln und den harten Strunk herausschneiden.

3. Die Ananas in kleine Würfel schneiden, mit den Möhren mischen und die Sahne unterrühren. Den Salat mit dem Ahornsirup leicht süßen.

Möhren sind ein Schmierstoff für den Stoffwechsel: Sie enhalten reichlich Beta-Carotin, woraus der Körper Vitamin A, eines der wichtigsten Zellschutzvitamine, herstellt. Und gesunde Zellen sorgen dafür, dass alle Stoffwechselvorgänge optimal ablaufen.

Feigenmüsli

▶ **KOHLENHYDRATE**

▶ **Zubereitungszeit: ca. 10 Minuten**
ca. 290 kcal pro Portion

▶ *Zutaten für 2 Personen*

4 Feigen (frisch oder getrocknet)
200 g Vollmilchjoghurt
4 TL Frutilose
6 EL kernige Haferflocken

1. Die Feigen in kleine Stücke schneiden (frische Feigen vorher schälen).

2. Den Joghurt mit der Frutilose glatt rühren und die Feigenstücke darunter mischen.

3. Die Haferflocken in 2 Schälchen verteilen und den fruchtigen Feigenjoghurt darauf geben.

Haferflocken sind die Powerflocken schlechthin: Ihre Kohlenhydrate verleihen Energie, Magnesium und B-Vitamine unterstützen die Muskeltätigkeit und ihr wertvolles Eiweiß liefert Baumaterial für neue Zellen.

Süßes Früchtemüsli

▶ **KOHLENHYDRAT**

▶ **Zubereitungszeit: ca. 10 Minuten**
   Quellzeit: über Nacht
      (mindestens 8 Stunden)
   ca. 300 kcal pro Portion

▶ *Zutaten für 2 Personen*

60 g gemischte Trockenfrüchte
6 EL kernige Haferflocken
300 g Kefir
2 TL kaltgeschleuderter Honig
   oder 2 EL Frutilose
1/2 TL Zimtpulver

1. Die getrockneten Früchte über Nacht in Wasser quellen lassen. Dabei das Wasser nach der ersten Stunde wechseln, die Trockenfrüchte dabei gründlich abspülen.

2. Am nächsten Morgen die Früchte gründlich waschen, ausdrücken, klein schneiden und mit etwas Wasser, den Haferflocken und dem Kefir mischen.

3. Das Müsli mit der Frutilose oder dem Honig süßen, in 2 Schälchen verteilen und mit dem Zimt bestäuben.

Honig, das ist Süße mit doppeltem Nutzen: Seine Kohlenhydrate bringen uns rasch wieder zu Kräften, seine Enzyme, organischen Säuren und Aromastoffe stärken unser Immunsystem.

Radieschen-Knäckebrot

▶ **KOHLENHYDRAT**

▶ **Zubereitungszeit: ca. 10 Minuten**
ca. 290 kcal pro Portion

▶ *Zutaten für 2 Personen*

4 Scheiben Vollkornknäckebrot
6 TL weiche Butter
160 g körniger Frischkäse
1 Bund Radieschen
4 EL Keimlinge (z. B. Mungbohnen)

1. Die Brote zuerst mit der Butter, dann mit dem Frischkäse bestreichen.

2. Die Radieschen waschen und putzen. 6 Radieschen in Scheiben schneiden, diese auf den Frischkäse legen und die Brote mit den Keimlingen bestreuen. Die Brote mit den restlichen Radieschen garniert servieren.

Radieschen schützen Ihre Gesundheit, denn sie enthalten reichlich Phenolsäuren. Diese sekundären Pflanzenstoffe können der Entstehung und dem Fortschreiten von Krebs entgegenwirken.

Rührei mit Tomaten

▶ **EIWEISS**

▶ **Zubereitungszeit: ca. 15 Minuten**
ca. 250 kcal pro Portion

▶ *Zutaten für 2 Personen*

1 kleine Zwiebel
2 Fleischtomaten
2 TL kaltgepresstes
*   Sonnenblumenöl*
4 Eier
Kräutersalz
4 EL Schnittlauchröllchen

1. Die Zwiebel schälen und fein würfeln. Die Tomaten waschen, trockentupfen, vom Stielansatz befreien und in Scheiben schneiden.

2. Das Öl in einer Pfanne erhitzen und die Zwiebelwürfel darin glasig dünsten.

3. Die Eier in einer Schüssel gründlich verquirlen, mit Kräutersalz würzen und zu den Zwiebeln geben. Die Eier bei schwacher Hitze unter Rühren stocken lassen. Das Rührei mit den Tomatenscheiben und den Schnittlauchröllchen garniert servieren.

Starke Nerven und ein denkfreudiges Gehirn – dafür schafft der Nervenbotenstoff Cholin die Voraussetzung. Gönnen Sie sich daher ab und zu ein Ei, denn in Eigelb ist er reichlich enthalten.

Vollkornbrot mit Schnittlauchquark

▶ **KOHLENHYDRAT**

▶ **Zubereitungszeit: ca. 10 Minuten**
ca. 260 kcal pro Portion

▶ *Zutaten für 2 Personen*

100 g Quark (20 % Fett i. Tr.)
4 EL Mineralwasser
1 kleines Bund Schnittlauch
Kräutersalz
2 Scheiben Vollkornbrot
2 EL weiche Butter
1 kleines Bund Radieschen

1. Den Quark mit dem Mineralwasser cremig rühren.

2. Den Schnittlauch waschen, trockenschütteln, fein hacken, zusammen mit dem Kräutersalz zum Quark geben und alles mischen.

3. Die Vollkornbrote dünn mit der Butter bestreichen, anschließend die Quarkcreme darauf verteilen. Die Radieschen waschen und putzen und zu den Schnittlauchbroten servieren.

Tatar von Hüttenkäse

▶ **NEUTRAL**

▶ **Zubereitungszeit: ca. 10 Minuten**
ca. 200 kcal pro Portion

▶ *Zutaten für 2 Personen*

$1/2$ rote Paprikaschote
1 kleines Stück Salatgurke
8 Radieschen
4 Zweige Dill
Meersalz
300 g Hüttenkäse

1. Paprika, Gurke und Radieschen putzen, waschen, trockentupfen und in sehr kleine Würfel schneiden. Den Dill waschen, trockentupfen und fein hacken.

2. Die Gemüsewürfel in eine kleine Schüssel geben und leicht salzen. Anschließend den Hüttenkäse untermischen.

3. Das Tatar auf 2 Tellern verteilen und mit dem gehackten Dill garnieren.

Scharfer Tomatendrink

▶ EIWEISS

▶ **Zubereitungszeit: ca. 20 Minuten**
Kühlzeit: 1–2 Stunden
ca. 40 kcal pro Portion

▶ *Zutaten für 2 Personen*

400 g reife Tomaten
1 TL Kräutersalz
1 TL Liebstöckel
einige Tropfen Tabasco
1 TL Sambal Oelek
2 kleine Zweige Basilikum
*   zum Garnieren*

1. Die Tomaten waschen, mit einem Küchentuch oder mit Küchenkrepp trockenreiben und halbieren. Den Stielansatz herausschneiden. 100 ml Wasser in einen Topf geben, die Tomaten hinzu geben und etwa 5 Minuten kochen lassen. Anschließend abkühlen lassen.

2. Ein Rundsieb mit Drahtgeflecht über eine Schüssel legen und die gekochten Tomaten hineinschütten. Die Tomaten mit einem Kochlöffel durch das Sieb streichen und den Saft dabei auffangen.

3. Den Tomatensaft mit dem Kräutersalz, dem Liebstöckel, dem Tabasco und dem Sambal Oelek kräftig abschmecken. Im Mixer gut pürieren, bis eine glatte Masse entsteht. Das Ganze für 1–2 Stunden zugedeckt in den Kühlschrank stellen und durchkühlen lassen.

4. Den Drink in 2 hohe Gläser füllen und mit den Basilikumblättchen garnieren Mit farblich passenden Trinkhalmen servieren.

Scharfes an heißen Tagen? Ja, bitte! Die scharfe Würze im Tomatendrink, genauer gesagt das Capsaicin, bringt den Kreislauf in Schwung und verhindert, dass uns das Blut in die Füße sackt.

Saftige Schinkenbrötchen

▶ **KOHLENHYDRAT**

▶ **Zubereitungszeit: ca. 10 Minuten**
ca. 240 kcal pro Portion

▶ *Zutaten für 2 Personen*

2 Vollkornbrötchen
4 TL weiche Butter
150 g Salatgurke
60 g roher Rinderschinken,
   in dünnen Scheiben
3 EL Kresse

Rindfleisch enthält viel Eisen in einer für den menschlichen Körper sehr gut verwertbaren Form. Dieses Spurenelement sorgt für die Bildung von roten Blutkörperchen, die aktivierenden Sauerstoff zu den Körperzellen transportieren.

1. Die Brötchen aufschneiden und die beiden unteren Hälften mit der Butter bestreichen.

2. Die Gurke schälen, in dünne Scheiben schneiden und einen Teil davon auf den gebutterten Hälften verteilen. Anschließend mit den Schinkenscheiben belegen.

3. Die restlichen Gurkenscheiben auf den Schinken legen und die Kresse darüber streuen. Die oberen Hälften auf die belegten Brötchenhälften setzen.

Fischhäppchen

▷ **NEUTRAL**

▷ **Zubereitungszeit: ca. 25 Minuten**
ca. 490 kcal pro Portion

▷ *Zutaten für 2 Personen*

1 Stück Salatgurke (ca. 12 cm)
Meersalz
1 rote Paprikaschote
1 EL kaltgepresstes Sonnenblumenöl
4 Matjesfilets
1/2 kleines Bund Dill

Jodmangel macht schlapp, denn die Schilddrüse benötigt es zur Bildung von stoffwechselregulierenden Hormonen, die den Kohlenhydrat-, Fett- und Eiweißstoffwechsel stimulieren. Wie alle Seefische enhält der Matjes reichlich Jod.

1. Die Gurke schälen, der Länge nach halbieren und die Kerne mit einem Löffel herausschaben. Das Fruchtfleisch in 8 gleich große Stücke schneiden und leicht salzen.

2. Die Paprikaschote putzen, entkernen, waschen, trockentupfen und anschließend ebenfalls in 8 mundgerechte Stücke schneiden. Das Öl in einer Pfanne erhitzen, die Paprikastücke darin im eigenen Saft bissfest andünsten und abkühlen lassen.

3. Die Matjesfilets kurz mit kaltem Wasser abbrausen, trockentupfen und in 8 Stücke schneiden.

4. Dann den Fisch auf die Paprikastücke legen und das Ganze mit einem Zahnstocher auf den Gurkenstücken befestigen. Den Dill waschen, trockenschütteln, die harten Stiele abschneiden und die Fischhäppchen mit Dillfähnchen garnieren.

Miami Beach

▶ EIWEISS

▶ Zubereitungszeit: ca. 15 Minuten
Quellzeit: ca. 2 Stunden
ca. 520 kcal pro Portion

▶ *Zutaten für 2 Personen*

100 g getrocknete Kokosraspel
350 ml kochendes Wasser
2 Scheiben frische Ananas
    und 2 kleine Stücke Ananas
    mit Schale
40 ml weißer Rum
3 EL zerstoßenes Eis
100 ml frisch gepresster
    Orangensaft
2 EL Frutilose
2 EL Sahne

1. Die Kokosraspel mit dem kochendem Wasser übergießen und 1–2 Stunden quellen lassen.

2. Danach die Kokosraspel auf einem Sieb abtropfen lassen und die Milch dabei auffangen.

3. Die beiden Ananasscheiben schälen, vom harten Mittelstück befreien und in sehr kleine Stücke schneiden. Mit dem Rum übergießen und einige Zeit ziehen lassen. Anschließend die Kokosmilch zusammen mit der Rum-Ananas, Orangensaft, Frutilose und Sahne im Mixer pürieren.

4. Den Kokos-Ananas-Drink nach Belieben durch ein Sieb gießen. Gut gekühlt in 2 Longdrinkgläsern servieren und mit den Ananasstücken garnieren.

Frische Ananas enthält einen Stoff, der die körpereigenen Enzyme bei der Verdauung unterstützt. Die so eingesparte Energie steht uns für körperliche und geistige Leistung zur Verfügung.

Pikanter Kefirmix

▶ NEUTRAL

▶ Zubereitungszeit: ca. 5 Minuten
ca. 80 kcal pro Portion

▶ *Zutaten für 2 Personen*

2 reife Tomaten
6–8 Basilikumblätter
1/2 TL getr. Oregano
1 TL Paprikapulver, edelsüß
einige Tropfen Tabasco
Kräutersalz
250 ml Kefir
einige frische Basilikumblättchen

1. Die Tomaten waschen, vom Stielansatz befreien und zusammen mit Basilikum, Oregano, Paprikapulver, Tabasco und Kräutersalz im Mixer oder mit dem Schneidstab kräftig pürieren.

2. Den Kefir langsam dazugießen lassen und alles kräftig aufmixen.

3. Anschließend den Drink in 2 hohe Gläser füllen und mit einigen frischen Basilikumblättchen garnieren.

Beeren-Tee

▶ EIWEISS

▶ Zubereitungszeit: ca. 10 Minuten
ca. 70 kcal pro Portion

▶ *Zutaten für 2 Personen*

150 g Beeren (z. B. Johannisbeeren, Brombeeren, Himbeeren)
2 TL Frutilose
300 ml kalter grüner Tee
einige Früchte zum Garnieren

1. Die Beeren waschen, verlesen und trockentupfen. Einige Beeren für die Garnitur beiseite legen, die übrigen mit einer Gabel zerdrücken.

2. Die zerdrückten Beeren zusammen mit der Frutilose und etwas Tee kräftig verrühren. Nach und nach den restlichen Tee unterarbeiten.

3. Anschließend den Tee durch ein Sieb streichen, in 2 große Gläser füllen und mit je 1 Rispe Johannisbeeren oder anderen Beeren garnieren.

Zitrusfrüchte-Longdrink

▶ **EIWEISS**

▶ **Zubereitungszeit: ca. 5 Minuten**
ca. 120 kcal pro Portion

▶ *Zutaten für 2 Personen*

5 EL zerstoßenes Eis
240 ml frisch gepresster
 Orangensaft
160 ml frisch gepresster
 rosa Grapefruitsaft
1 ¹/₂ EL Frutilose
1 kleines Stück Ingwer
2–3 gehackte Minzeblättchen

1. Das zerstoßene Eis zusammen mit den frisch gepressten Säften, der Frutilose und dem Ingwer im Mixer gründlich verschlagen.

2. Anschließend die Mischung in 2 Longdrinkgläser gießen und mit den gehackten Minzeblättchen bestreut servieren.

Tipp: Stippen Sie zur Dekoration des Glases den Glasrand vor dem Einschenken in etwas Orangensaft (z. B. auf einer Untertasse), danach in ganz klein gehackte Minze.

Gingerol, das ätherische Öl des Ingwers, stimuliert nicht nur unsere Geschmacksnerven auf angenehmste Art, es ist auch eine wirksame Gefäßmedizin, die das Blut flüssig hält.

Bananen-Shake

▶ **KOHLENHYDRAT**

▶ **Zubereitungszeit: ca. 5 Minuten**
ca. 240 kcal pro Portion

▶ *Zutaten für 2 Personen*

1 große, reife Banane
2 EL Ahornsirup
400 ml kalte Buttermilch
2 EL geschlagene Sahne
einige Minzeblättchen
 zum Garnieren

1. Die Banane schälen, in Stücke schneiden und zusammen mit dem Ahornsirup und der Buttermilch mit dem Schneidstab pürieren.

2. Die Bananenmilch in 2 große Gläser füllen, je 1 Sahnetupfer darauf setzen und die Drinks mit den Minzeblättchen garnieren.

Tipp: Eine reife Banane erkennen Sie an den kleinen braunen Punkten auf der Schale. Bananen sollten übrigens nicht im Kühlschrank aufbewahrt werden.

Der Bananen-Shake verdient die Bezeichnung Power-Drink gleich in zweierlei Hinsicht: Sein Zuckergehalt liefert rasch verfügbare Energie für Muskeln und Gehirn und seine sättigenden Ballaststoffe sorgen dafür, dass diese lange vorhält.

Suppen, Salate

Hier finden Sie allerlei Kleines und Feines, Warmes und Kaltes – Gerichte, die sich als Zwischenmahlzeit, als Vorspeise, als kleines Mittagessen oder als Abendmahlzeit eignen. Viele der hier vorgestellten Suppen und Eiergerichte sind sehr schnell zubereitet und bieten damit die Möglichkeit, in kürzester Zeit ein warmes Essen auf den Tisch zu zaubern. Und wenn die Küche einmal kalt bleiben soll, wählen Sie nach Lust und Laune aus den Salatrezepten aus.

Pariser Kartoffelsuppe

▶ KOHLENHYDRAT

▶ **Zubereitungszeit: ca. 30 Minuten**
ca. 190 kcal pro Portion

▶ *Zutaten für 2 Personen*

200 g Champignons
1 Zwiebel
200 g Kartoffeln
10 g Butter
2 EL Dinkelvollkornmehl
400 ml vegetarische Gemüsebrühe
   (aus Instantpulver hergestellt)
1 TL getr. Kräuter der Provence
1 Kästchen Kresse
2 EL saure Sahne

Gesunder Schlaf durch Kartoffeln – ihr Inhaltsstoff Magnesium macht's möglich, denn er wirkt auf das Nervensystem beruhigend. Da ein Teil des Magnesiums beim Kochen ins Garwasser übergeht, sollte dieses möglichst mitverwendet werden.

1. Die Champignons waschen, trockentupfen, putzen und feinblättrig aufschneiden.

2. Die Zwiebel und die Kartoffeln schälen, beides fein würfeln und in der Butter in einem Topf glasig dünsten. Die Pilze hinzufügen, mit dem Mehl bestäuben und unter Rühren mit anbraten. Mit der Brühe auffüllen, kurz aufkochen lassen und bei geringer Hitze etwa 15 Minuten köcheln lassen. Mit den getrockneten Kräutern würzen.

3. Die Kresse von der Pflanzunterlage abschneiden, in einem Sieb abspülen und trockentupfen. Die Suppe auf 2 Teller verteilen, mit der sauren Sahne garnieren und mit der Kresse bestreuen.

Lauchcremesuppe mit Champignons

▶ KOHLENHYDRAT

▶ **Zubereitungszeit: ca. 30 Minuten**
ca. 300 kcal pro Portion

▶ *Zutaten für 2 Personen*

250 g Champignons
1 kleine Zwiebel
20 g Butter
2 Stangen Lauch
2 EL Dinkelvollkornmehl
2 TL vegetarische Gemüsebrühe
4 EL Sahne
1 Kästchen Kresse

Champignons enthalten viel Provitamin D2. Daraus kann unser Körper mithilfe von Sonnenlicht Vitamin D bilden. Dieses Vitamin schützt die Knochen vor Entmineralisierung und Brüchigkeit.

1. Die Champignons waschen, trockentupfen, putzen und feinblättrig aufschneiden. Die Zwiebel schälen, fein würfeln und in der Hälfte der Butter in einem Topf glasig dünsten.

2. Die Pilze hinzufügen, unter Rühren leicht bräunen, dann herausnehmen und beiseite stellen.

3. Den Lauch putzen, der Länge nach aufschneiden, waschen, trockentupfen und in Ringe schneiden. Anschließend in der restlichen Butter glasig dünsten und mit dem Mehl bestäuben. Den Lauch mit 500 ml Wasser ablöschen, mit der Brühe würzen und bei mäßiger Hitze 12–15 Minuten köcheln lassen.

4. Die Suppe mit dem Schneidstab pürieren und mit der Sahne verfeinern.

5. Die Kresse abschneiden, in einem Sieb abspülen und trockentupfen. Die Suppe auf 2 Teller verteilen, mit den Champignons und der Kresse garnieren.

Gemüsetopf mit Knoblauchtoast

▶ **KOHLENHYDRAT**

▶ **Zubereitungszeit: ca. 30 Minuten**
ca. 300 kcal pro Portion

▶ *Zutaten für 2 Personen*

1 kleine Zwiebel
1 rote Paprikaschote
1 kleine Zucchini
1 Stange Staudensellerie
100 g Fenchel
1 1/2 EL kaltgepresstes Sonnenblumenöl
400 ml vegetarische Gemüsebrühe
(aus Instantpulver hergestellt)
1–2 Knoblauchzehen
20 g weiche Butter
3 Scheiben Vollkorntoastbrot
1 TL getr. Thymian
1–2 Zweige Majoran
1 kleines Bund Schnittlauch

1. Die Zwiebel schälen und in dünne Ringe schneiden. Die Paprikaschote waschen, trockentupfen, putzen und in dünne Scheiben schneiden. Zucchini, Sellerie und Fenchel waschen, trockentupfen, putzen und in kleine Würfel bzw. in dünne Scheiben schneiden.

2. Das Öl in einer Pfanne erhitzen und die Zwiebelringe darin dünsten. Das restliche Gemüse hinzufügen und unter Rühren langsam dünsten. Mit der Brühe aufgießen, aufkochen lassen und zugedeckt etwa 15 Minuten köcheln.

3. Inzwischen den Backofen auf 175 °C (Umluft: 155 °C, Gas Stufe 2) vorheizen. Den Knoblauch schälen und durch eine Presse drücken. Die Butter mit einer Gabel zerdrücken und mit dem Knoblauch mischen. Die Toastscheiben diagonal halbieren und mit der Knoblauchbutter bestreichen. Im vorgeheizten Backofen 5–7 Minuten knusprig rösten.

4. Die Suppe mit Thymian und Majoran würzen, auf 2 Teller verteilen und mit dem gehackten Schnittlauch bestreuen. Den Knoblauchtoast zusammen mit dem Gemüsetopf servieren.

Tipp: Ohne Toast zählt die Suppe zur neutralen Kost. Kombiniert man den Gemüsetopf statt mit Brot mit Fleisch oder Eiern, erhält man ein Eiweißgericht.

Unbewiesen ist, ob Knoblauch Ihr Blut vor Vampiren schützt – erwiesen ist jedoch, dass sein regelmäßiger Verzehr einen leicht erhöhten Blutdruck auf natürliche Weise senken kann.

Power ...

Italienische Tomatensuppe

Buchstäblich die „rote Karte" zeigen Sie Krankheitserregern und krebsartigen Zellveränderungen, wenn Sie Tomaten essen. Diese enthalten nämlich das hoch wirksame Carotinoid Lykopin, das dem Gemüse auch seine kraftvolle rote Farbe verleiht.

▶ EIWEISS

▶ Zubereitungszeit: ca. 30 Minuten
ca. 360 kcal pro Portion

▶ *Zutaten für 2 Personen*

3 kleine Schalotten
1 kleine rote Paprikaschote
5 Tomaten
1 Stück Knollensellerie, ca. 80 g
1 große Möhre
2 EL kaltgepresstes Olivenöl
375 ml vegetarische Gemüsebrühe
   (aus Instantpulver hergestellt)
1 TL gehackter Thymian
1 TL gehackter Oregano
1 TL gehackte Rosmarinnadeln
1 TL Sambal Oelek
1 TL Paprikapulver, rosenscharf
1 Eigelb
3 EL Sahne
2 EL frisch geriebener Parmesan
einige Basilikumblättchen

1. Die Schalotten schälen und grob hacken. Die Paprikaschote in Würfel schneiden. Die Tomaten enthäuten und entkernen. Das Fruchtfleisch grob würfeln. Den Sellerie und die Möhre schälen, waschen und ebenfalls in Würfel schneiden.

2. Das Olivenöl in einem Topf erhitzen und die Schalottenwürfel darin glasig dünsten. Nach und nach das restliche Gemüse unter Rühren hinzufügen und alles gut dünsten. Mit der Brühe aufgießen und etwa 10 Minuten leicht köcheln lassen.

3. Die Suppe würzen und pürieren. Das Eigelb mit der Sahne und etwas heißer Suppe verrühren. Den Topf vom Herd ziehen und die Eigelbmischung unterrühren. Die Suppe mit dem geriebenen Parmesan bestreuen und mit dem Basilikum servieren.

Gurkensuppe mit Kräutern

▶ NEUTRAL

▶ Zubereitungszeit: ca. 30 Minuten
ca. 200 kcal pro Portion

▶ *Zutaten für 2 Personen*

1 Senf- oder Salatgurke, ca. 400 g
2 Frühlingszwiebeln
1 Knoblauchzehe
1¹/₂ EL kaltgepresstes Sonnenblumenöl
300 ml vegetarische Gemüsebrühe
50 g Sahne
Dill, Petersilie und Kerbel, frisch

1. Die Gurke schälen, halbieren und die Kerne herausschaben. Die Gurke in grobe Stücke schneiden.

2. Die Frühlingszwiebeln putzen, waschen, trockentupfen und in Ringe schneiden. Den Knoblauch schälen und in Stücke hacken.

3. Das Öl in einem Topf erhitzen und die Zwiebelringe und den Knoblauch darin glasig dünsten. Die Gurkenwürfel hinzufügen, kurz mitdünsten und alles mit der Brühe ablöschen. Das Ganze zugedeckt etwa 15 Minuten köcheln lassen.

4. Die Suppe mit dem Schneidstab pürieren und die Sahne unterziehen. Die Suppe mit den gehackten Kräutern bestreut servieren.

> „Minus Kalorien, plus Vitalstoffe", das charakterisiert diese leichte Gurkensuppe. Sie enthält neben vielen Vitaminen und Mineralstoffen lebensnotwendige ungesättigte Fettsäuren und jede Menge an sekundären Pflanzenstoffen.

Gemüsesuppe mit pochierten Eiern

▶ EIWEISS

▶ Zubereitungszeit: ca. 40 Minuten
ca. 490 kcal pro Portion

▶ *Zutaten für 2 Personen*

3 kleine Schalotten
1 rote Paprikaschote
2 Tomaten
1 Stück Knollensellerie, ca. 125 g
1 große Möhre
2 EL kaltgepresstes Olivenöl
375 ml vegetarische Gemüsebrühe
*   (aus Instantpulver hergestellt)*
¹/₂ TL gehackter Thymian
¹/₂ TL gehackter Oregano
1 Msp. Cayennepfeffer
1 Msp. frisch geriebene Muskatnuss
1 TL Paprikapulver, rosenscharf
4 EL Sahne
4 Eier
einige Basilikumblättchen
2 EL frisch geriebener Parmesan

1. Die Schalotten schälen und hacken. Die Paprikaschote in Würfel schneiden. Die Tomaten enthäuten und entkernen. Das Fruchtfleisch grob würfeln. Den Sellerie und die Möhre schälen und ebenfalls in Würfel schneiden.

2. Das Olivenöl in einem Topf erhitzen und die Schalottenwürfel darin glasig dünsten. Nach und nach das restliche Gemüse unter Rühren hinzufügen und alles gut durchschmoren lassen. Mit der Brühe aufgießen und etwa 10 Minuten leicht köcheln lassen. Die Suppe würzen, pürieren und mit der Sahne binden.

3. Die Eier einzeln aufschlagen, in eine Suppenkelle geben und nacheinander in die Suppe gleiten lassen. Sie 5 Minuten bei schwacher Hitze ziehen lassen. Die Suppe mit den Basilikumblättchen und dem geriebenen Parmesan servieren.

> Essen Sie wenig Fleisch und Fisch? Dann sollten Sie regelmäßig ein Ei verzehren, um Ihre Versorgung mit Vitamin B12 sicherzustellen. Dieses Vitamin ist unter anderem für die Bildung von Blutzellen nötig. Dadurch beeinflusst es die Sauerstoffversorgung und die Leistungsfähigkeit aller Körperzellen.

Garnelensalat mit Avocadosauce

▶ **EIWEISS**

▶ **Zubereitungszeit: ca. 20 Minuten**
ca. 390 kcal pro Portion

▶ *Zutaten für 2 Personen*

1 kleiner Kopfsalat
1 kleine grüne Paprikaschote
2 Tomaten
¹/₂ Salatgurke
200 g Garnelen
3 EL gehackter Dill
¹/₂ reife Avocado
1 ¹/₂ EL kaltgepresstes Traubenkernöl
100 ml frisch gepresster Orangensaft
2 EL Zitronensaft
100 g Vollmilchjoghurt
¹/₂ TL Meersalz

Garnelen liefern das Spurenelement Selen. Es ist ein hoch wirksamer Stoff, um rheumatischen Erkrankungen vorzubeugen und somit die Bewegungsfreude zu erhalten.

1. Den Kopfsalat putzen, waschen, trockenschleudern und in mundgerechte Stücke schneiden. Die Paprikaschote in kleine Würfel schneiden. Die Tomaten fein würfeln. Die Salatgurke schälen, halbieren, die Kerne herausschaben und in dünne Spalten schneiden. Alles in einer Schüssel mischen.

2. Für die Sauce das Fruchtfleisch der Avocado mit Öl, Orangensaft, Zitronensaft, Joghurt, 150 ml Wasser und Salz pürieren. Die Sauce über die Salatzutaten gießen und unterheben. Die Garnelen abspülen, trockentupfen und auf dem Salat verteilen. Mit dem gehackten Dill bestreuen.

Farmer-Rohkost

▶ **EIWEISS**

▶ **Zubereitungszeit: ca. 30 Minuten**
Zeit zum Durchziehen: ca. 1 Stunde
ca. 340 kcal pro Portion

▶ *Zutaten für 2 Personen*

150 g Weißkraut
Meersalz
1 kleine Fenchelknolle
¹/₂ Ananas
2 Möhren
100 g TK-Maiskörner, aufgetaut
4 EL ungeschwefelte Rosinen
150 ml frisch gepresster Orangensaft
je 1 EL Zitronensaft und Sonnenblumenöl
2 EL saure Sahne
je 1 TL Kräutersalz und gem. Kardamom
1 EL frisch geriebener Ingwer
1 TL Frutilose
¹/₄ TL Cayennepfeffer

Nicht nur seine gelbe Farbe ist ein Fest für die Augen, sondern auch sein Inhalt: Mais enthält die Carotinoide Lutein und Zeaxanthin, welche die Augennetzhaut vor der Zerstörung durch UV-Strahlen schützen.

1. Das Weißkraut in sehr feine Streifen hobeln, leicht salzen und mit einem Holzstößel stampfen, bis es weich geworden ist.

2. Die Fenchelknolle quer in hauchdünne Streifen schneiden. Die Ananas schälen, den harten Strunk herausschneiden und das Fruchtfleisch in kleine Stücke schneiden. Die Möhren schälen und fein raspeln. Alles mischen und den Mais zufügen.

3. Den Orangensaft mit Zitronensaft, Öl und Sahne verrühren, mit Salz, Kardamom, Ingwer, Frutilose und Cayennepfeffer würzen.

4. Die Rosinen abspülen, trocknen, zum Salat geben und alles mit der Sauce mischen. Den Salat etwa 1 Stunde durchkühlen lassen.

Warmer Ziegenkäse auf Gemüsesalat

▶ **NEUTRAL**

▶ **Zubereitungszeit: ca. 30 Minuten**
ca. 440 kcal pro Portion

▶ *Zutaten für 2 Personen*

Für den Salat:

1 Zwiebel
2 rote Paprikaschoten
1 Zucchini
250 g Champignons
1¹/₂ EL kaltgepresstes
   Sonnenblumenöl
1 Knoblauchzehe
Meersalz
1–2 Zweige Majoran
4 Scheiben Ziegenkäse
   à ca. 50 g

Für die Sauce:

1 EL kaltgepresstes
   Sonnenblumenöl
1 EL Apfelessig
4 EL gehackte Petersilie
Kräutersalz

1. Die Zwiebel schälen und in dünne Ringe schneiden. Paprika, Zucchini und Champignons waschen, trockentupfen, putzen und in dünne Scheiben schneiden.

2. Das Öl in einer Pfanne erhitzen und die Zwiebelringe darin dünsten. Das restliche Gemüse hinzufügen und unter Rühren langsam andünsten. Den Knoblauch schälen, durch eine Presse dazudrücken, das Gemüse salzen und mit dem Majoran würzen. Das Gemüse so lange auf kleiner Flamme dünsten lassen, bis der Gemüsesaft weitgehend verdunstet ist.

3. Inzwischen die Käsescheiben 3–5 Minuten unter dem heißen Backofengrill erwärmen.

4. Für die Sauce das Öl mit Essig, 100 ml Wasser und der gehackten Petersilie verrühren und mit dem Kräutersalz abschmecken. Die Sauce über das noch warme Gemüse geben und den Käse auf dem Salat anrichten.

Champignons gehören zu den Gemüsesorten mit dem höchsten Vitamin-B2-Gehalt. Ein Mangel daran kann Entzündungen von Haut und Schleimhäuten verursachen.

Kartoffelsalat „Vital"

► **KOHLENHYDRAT**

► **Zubereitungszeit: ca. 45 Minuten
ca. 500 kcal pro Portion**

► *Zutaten für 2 Personen*

Für den Salat:

400 g kleine Kartoffeln
*1 Stück Knollensellerie,
    ca. 60 g*
*80 g Erbsen, frisch
    oder TK-Ware*
*250 ml vegetarische
    Gemüsebrühe (aus Instant-
    pulver hergestellt)*
1 Stange Lauch
1 kleines Bund Radieschen
3 EL geschälte Walnüsse
1 mürber Apfel
5 EL Schnittlauchröllchen
*4 EL Keimlinge
    (z. B. Sojasprossen)*

Für die Sauce:

175 g Sahnedickmilch
100 g saure Sahne
8 EL Gemüsebrühe
*1 TL frischer oder
    getr. Majoran*
Kräutersalz
1 TL Frutilose

Dieser Salat bietet ein wahres Potpourri an aktivierenden Inhaltsstoffen, beispielsweise Kohlenhydrate, Ballaststoffe und bioaktive Substanzen. Zudem ist er so leicht verdaulich, dass Sie schon direkt nach dem Essen wieder ganz vital sind.

1. Die Kartoffeln bürsten, in der Schale kochen, leicht abkühlen lassen und pellen. Anschließend die Kartoffeln in dünne Scheiben schneiden.

2. Inzwischen den Sellerie schälen und in Würfel schneiden. Frische Erbsen palen und beide Gemüsesorten in der Brühe nicht zu weich garen, dann aus der Brühe nehmen und abkühlen lassen. Das Gemüsewasser aufbewahren.

3. Den Lauch putzen, längs aufschlitzen, waschen, trockentupfen und nur das Weiße in sehr feine Ringe schneiden. Die Radieschen putzen, waschen und in Scheiben schneiden. Die Nüsse grob hacken. Den Apfel waschen, vierteln, das Kerngehäuse entfernen und das Fruchtfleisch in dünne Scheiben schneiden. Alle vorbereiteten Zutaten miteinander mischen.

4. Für die Sauce die Sahnedickmilch mit der Sahne und 8 Esslöffeln Gemüsewasser cremig rühren. Mit Majoran, Kräutersalz und Frutilose abschmecken und mit den Salatzutaten mischen. Anschließend den Salat mit den Schnittlauchröllchen und den Keimlingen bestreuen. Zum Mitnehmen in einen gut verschließbaren Plastikbehälter füllen.

Schlemmersalat

▶ **EIWEISS**

▶ **Zubereitungszeit: ca. 25 Minuten**
ca. 430 kcal pro Portion

▶ *Zutaten für 2 Personen*

Für den Salat:

250 g Putenbrust
10 g Kokosfett, ungehärtet
Meersalz
1 TL Paprikapulver, rosenscharf
1/2 Salatgurke
6 Kirschtomaten
1/2 Bund Radieschen
2 Frühlingszwiebeln
1 säuerlicher Apfel
1 EL Zitronensaft
100 g Eisbergsalat
100 g Friséesalat

Für die Sauce:

1 EL kaltgepresstes Sonnen-
    blumenöl
150 ml frisch gepresster
    Orangensaft
2 EL Crème fraîche
Kräutersalz
1 kleines Bund Dill
3 EL gehackte Petersilie

1. Das Fleisch kalt abspülen, trocken-tupfen und in mundgerechte Würfel schneiden. Das Fett in einer Pfanne er-hitzen und die Putenwürfel darin von allen Seiten braun braten. Das Fleisch mit Salz und Rosenpaprika würzen und auf Küchenkrepp abtropfen lassen.

2. Die Gurke schälen, halbieren, entker-nen und in kleine Würfel schneiden. Die Tomaten waschen, trockentupfen und halbieren. Die Radieschen und die Früh-lingszwiebeln waschen, trockentupfen, putzen und in dünne Scheiben schneiden.

3. Den Apfel waschen, vierteln und das Kerngehäuse herausschneiden. Das Fruchtfleisch in Stifte schneiden und sofort mit dem Zitronensaft beträufeln.

4. Die Blattsalate waschen, trocken-schleudern und in mundgerechte Stücke zupfen. Die Rohkost mischen und auf einer Salatplatte anrichten.

5. Für die Sauce Öl, Orangensaft, Crème fraîche, Salz und Dill verrühren und über den Salat gießen. Dann das Fleisch auf dem Salat verteilen. Mit der gehackten Petersilie bestreut servieren.

Tipp: Wird ein Salatkopf nicht ganz aufgebraucht, packen Sie den Rest am besten in einen Plastikbeutel und legen ihn im Kühlschrank ins unterste Fach.

> Nervennahrung im grünen Gewand – das sind Blattsalate. Ihr weißer Milchsaft enthält einen opiat-ähnlichen Stoff, das Lactucerol. Dieser kann nur in Verbin-dung mit Fett (in der Salatsauce) auf-genommen werden und beruhigt die Nerven.

Brokkolisalat mit grüner Eiersauce

▶ **EIWEISS**

▶ *Zubereitungszeit: ca. 45 Minuten
ca. 500 kcal pro Portion*

▶ *Zutaten für 2 Personen*

*500 g Brokkoli
Meersalz
4 Eier, hartgekocht und gepellt
1 Pk. Kräuter für grüne Sauce oder
je einige Zweige Petersilie,
Pimpernelle, Kerbel, Dill, Schnittlauch, Sauerampfer, Estragon,
Zitronenmelisse und Borretsch
100 g saure Sahne
250 g Buttermilch
175 g Sahnedickmilch
1 TL Zitronensaft
1 EL kaltgepresstes
Sonnenblumenöl
1 1/2 TL Kräutersalz*

1. Den Brokkoli in kleine Röschen zer-teilen. Die Stiele schälen und in kleine Stücke schneiden. Das Gemüse in wenig Salzwasser etwa 12 Minuten bissfest garen.

2. Die Kräuter waschen, trockenschüt-teln und sehr fein hacken. Die saure Sahne mit Buttermilch, Sahnedickmilch, Zitronensaft, Öl und Kräutersalz ver-rühren und die Kräuter untermischen.

3. 1 Ei in kleine Würfel schneiden und unter die Sauce heben. Die restlichen Eier halbieren. Den Brokkoli gut abtrop-fen lassen. Die Sauce darüber geben und mit den Eihälften servieren.

Pilzpfanne

▶ **EIWEISS**

▶ *Zubereitungszeit: ca. 25 Minuten
ca. 320 kcal pro Portion*

▶ *Zutaten für 2 Personen*

*1 Bund Frühlingszwiebeln
1 rote Paprikaschote
150 g kleine Champignons
2 EL kaltgepresstes
Sonnenblumenöl
Meersalz
1 TL Kräuter der Provence
4 Eier
1/2 Bund Schnittlauch,
in Röllchen*

1. Die Frühlingszwiebeln putzen, längs halbieren und mit etwas Grün in Schei-ben schneiden. Die Paprikaschote wa-schen und in schmale Streifen schneiden. Die Champignons putzen und halbieren.

2. 1 1/2 Esslöffel Öl in einer Pfanne er-hitzen und die Zwiebelscheiben darin andünsten. Das restliche Gemüse hinzu-fügen und unter Rühren langsam düns-ten bis der Gemüsesaft weitgehend ver-dunstet ist. Das Ganze salzen und mit den Kräutern würzen.

3. Inzwischen die Eier aufschlagen und als Spiegeleier in einer Pfanne in dem restli-chen Öl braten. Das Gemüse auf 2 Tellern anrichten, die Eier darauf setzen und mit den Schnittlauchröllchen servieren.

Gemüseplatte mit Rührei

▶ **EIWEISS**

▶ **Zubereitungszeit: ca. 45 Minuten**
ca. 550 kcal pro Portion

▶ *Zutaten für 2 Personen*

Für das Gemüse:

400 g Spargelspitzen
250 g Möhren
250 g Erbsen in der Schote
(oder 100 g TK-Ware)
600 ml vegetarische Gemüsebrühe
(aus Instantpulver hergestellt)
10 g Butter
4 Eier
Meersalz
1 TL kaltgepresstes Sonnenblumenöl
Petersilie zum Garnieren

Für die Sauce:

100 g Brokkoli
100 g saure Sahne
100 g Vollmilchjoghurt
50 g Feta
Kräutersalz
3 EL Brühe vom Kochen des Spargels

1. Den Spargel schälen und in etwa 4 cm lange Stücke schneiden. Die Möhren putzen, schälen und in dünne Scheiben schneiden. Die Erbsen palen.

2. Die Gemüsebrühe in einem Topf zum Kochen bringen, den Spargel zufügen und zugedeckt etwa 15 Minuten leicht köcheln lassen. In einem zweiten Topf die Butter schmelzen und die Möhren und Erbsen darin leicht andünsten. Etwas Spargelbrühe angießen und das Gemüse ebenfalls etwa 15 Minuten leicht köcheln lassen.

3. Für die Sauce den Brokkoli putzen, waschen und zusammen mit Sahne, Joghurt und Feta pürieren, mit Kräutersalz abschmecken. Nach Belieben mit der Spargelbrühe etwas verflüssigen.

4. Die Eier in einer Schüssel schaumig aufschlagen und leicht salzen. Das Öl in einer Pfanne erhitzen, die Eier hinzufügen und bei geringer Hitze stocken lassen. Dabei zwischendurch umrühren.

5. Das gegarte Gemüse gut abtropfen lassen. Die Sauce über das Gemüse geben und mit dem Rührei servieren. Alles mit der Petersilie garnieren.

Spargel wirkt entwässernd. Und mit dem Harn verlassen jede Menge Giftstoffe den Körper – das stärkt alle Funktionen des Organismus, hebt Blockaden auf und setzt neue Energien frei.

Vegetarische

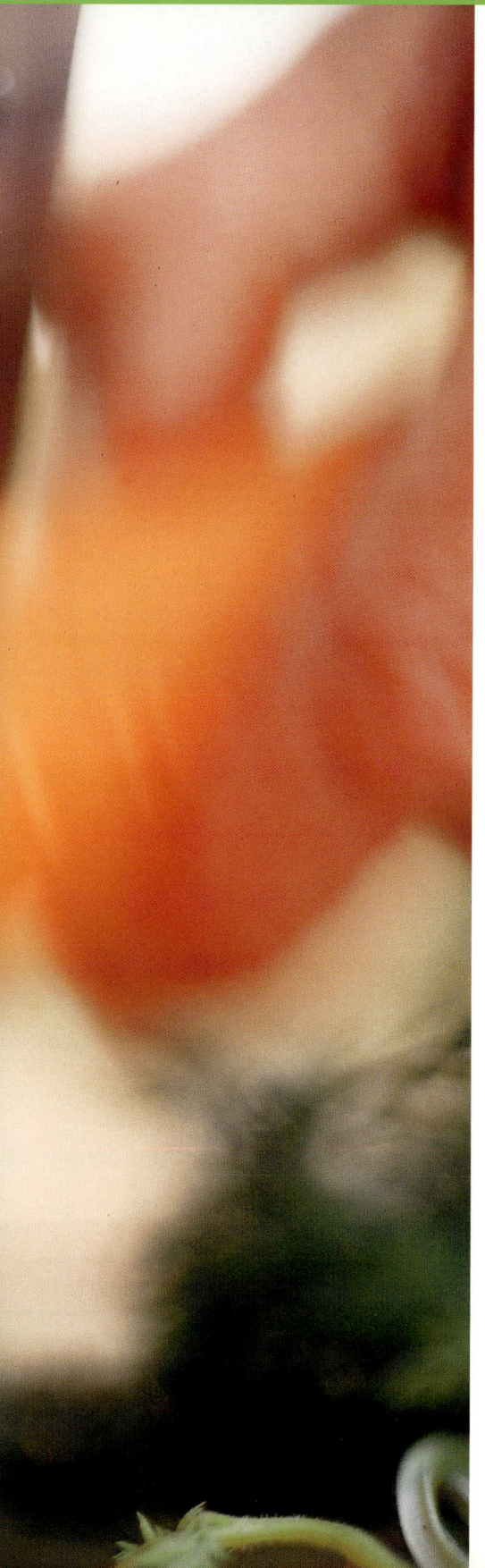

Hauptgerichte

Gerichte ohne Fleisch – auch hier glänzt die Trennkostküche mit leckeren und vollwertigen Rezeptideen. Dank des großen Angebots ist die Gemüseküche zu jeder Jahreszeit ein Thema mit unerschöpflichen Variationsmöglichkeiten. Dazu kommen die ganze Bandbreite der Kartoffelküche und nicht zuletzt die vielen Getreidearten, mit denen man immer wieder neue, kernige und raffinierte Rezepte ausprobieren kann. Die Eiweißgerichte dieses Kapitels sollten Sie ausschließlich mittags servieren.

Knuspriger Tofu auf Blumenkohlsalat

▶ **EIWEISS**

▶ **Zubereitungszeit: ca. 30 Minuten**
ca. 620 kcal pro Portion

▶ *Zutaten für 2 Personen*

Für den Salat:

1 *Blumenkohl*
1 *kleine Zwiebel*
1 1/2 *EL kaltgepresstes Sonnenblumenöl*
5 *EL Sahne*
1/2 *TL Ahornsirup*
1 1/2 *EL Zitronensaft*
Meersalz
1 *TL Paprikapulver, edelsüß*

Für den Tofu:

300 g *Tofu*
Kräutersalz
1 *großes Ei*
3 *EL Mandelblättchen*
3 *EL Sojaöl*

1. Den Blumenkohl putzen, in kleine Röschen zerteilen und im kochenden Wasser etwa 12 Minuten bissfest garen. Anschließend gut abtropfen lassen. Inzwischen die Zwiebel schälen und fein hacken. Die Zwiebelwürfel mit dem Öl, der Sahne, 80 ml Wasser, Ahornsirup, Zitronensaft und Salz verrühren.

2. Die Sauce mit dem Blumenkohl mischen, mit Paprikapulver bestäuben. Den Blumenkohlsalat kalt stellen.

3. Den Tofu in Scheiben schneiden und salzen. Das Ei verquirlen, die Mandelblättchen auf einen Teller geben. Den Tofu erst im verquirlten Ei, danach in den Mandelblättchen wenden. Das Öl in einer Pfanne erhitzen und die Tofuschnitten darin braten.

Reissalat

▶ **KOHLENHYDRAT**

▶ **Zubereitungszeit: ca. 35 Minuten**
ca. 510 kcal pro Portion

▶ *Zutaten für 2 Personen*

100 g *Naturreis*
1 *kleine Zwiebel*
1 *rote Paprikaschote*
1 *kleine Zucchini*
100 g *Champignons*
1 *TL fein gehackter Ingwer*
80 g *Feta*
1 *EL kaltgepresstes*
   Sonnenblumenöl
1 *EL Apfelessig*
4 *EL gehackte glatte*
   Petersilie
Kräutersalz

1. Den Reis etwa 25 Minuten garen und auskühlen lassen.

2. Inzwischen die Zwiebel schälen und sehr fein würfeln. Die Paprikaschote putzen und in sehr kleine Würfel schneiden. Die Zucchini und die Champignons putzen und in dünne Scheiben schneiden. Das Gemüse trockentupfen und zusammen mit dem Ingwer und dem Reis in einer Schüssel mischen.

3. Für die Sauce das Öl mit Essig, 100 ml Wasser und der gehackten Petersilie verrühren und mit dem Kräutersalz abschmecken. Die Sauce über den Reissalat geben und unterheben. Den Feta würfeln und auf dem Salat anrichten.

Asiatischer Gemüse-Reis-Topf

▶ **KOHLENHYDRAT**

▶ **Zubereitungszeit: ca. 45 Minuten**
Quellzeit: ca. 3 Stunden
ca. 440 kcal pro Portion

▶ *Zutaten für 2 Personen*

100 g Basmati-Naturreis
1 Zucchini, ca. 300 g
100 g frische Shiitake-Pilze
    oder Austernpilze
je 1 rote und gelbe Paprikaschote
100 g Mungbohnenkeimlinge
1 Zwiebel
1 Knoblauchzehe
2 EL kaltgepresstes Sonnenblumenöl
1 EL fein gehackte
    frische Ingwerwurzel
40 g Cashewkerne
125 ml vegetarische Gemüsebrühe
    (aus Instantpulver hergestellt)
einige Spritzer Worcestershiresauce
1 EL Liebstöckel

1. Den Reis in einen Topf geben, mit kaltem Wasser bedecken und etwa 3 Stunden quellen lassen. Danach im geschlossenen Topf bei milder Hitze etwa 25 Minuten garen, anschließend abgießen.

2. Inzwischen die Zucchini und die Pilze waschen, trockentupfen, putzen und in dünne Scheiben bzw. Streifen schneiden. Die Paprikaschoten waschen, trockentupfen, putzen und klein würfeln. Die Mungbohnenkeime verlesen, waschen und gut abtropfen lassen.

3. Die Zwiebel schälen und in dünne Spalten schneiden. Den Knoblauch schälen und durch die Presse drücken. Das Öl in einer Pfanne erhitzen, Zwiebel, Knoblauch und Ingwer im heißen Öl glasig dünsten.

4. Dann das gesamte Gemüse und die Cashewkerne hinzufügen und alles gründlich durchrühren. Die vegetarische Brühe angießen und alles zugedeckt etwa 15 Minuten garen. Den Reis hinzufügen, erwärmen. Den Gemüse-Reis-Topf mit einigen Spritzern Worcestershiresauce würzen und mit dem gewaschenen und sehr fein gehackten Liebstöckel bestreut servieren.

Naturreis liefert uns viele B-Vitamine, die u. a. für die Zellerneuerung und die Bildung von Sexualhormonen benötigt werden, sowie das Antistress-Vitamin Panthothensäure.

Bunter Kartoffelsalat

Stärken Sie Ihr Immunsystem mit Walnüssen. Sie tragen zur Versorgung mit Zink bei. Ein Mangel an diesem Spurenelement macht sich in einer verminderten Zahl von weißen Blutkörperchen und einer dadurch geschwächten Abwehrkraft bemerkbar.

▶ KOHLENHYDRAT

▶ Zubereitungszeit: ca. 30 Minuten
ca. 430 kcal pro Portion

▶ *Zutaten für 2 Personen*

400 g gekochte Pellkartoffeln
1 kleines Bund Radieschen
10 Kirschtomaten
1 kleine gelbe Paprikaschote
1 Zwiebel
100 g Schafskäse
250 ml Buttermilch
1 kleines Bund Salatkräuter
3 EL gehackte Walnüsse
1–2 TL Obstessig
Kräutersalz
1 TL Paprikapulver, edelsüß

1. Die Pellkartoffeln schälen und in kleine Würfel schneiden. Die Radieschen putzen und in dünne Scheiben schneiden. Die Kirschtomaten waschen und halbieren. Die Paprikaschote putzen und in feine Rauten schneiden. Alles in einer Schüssel mischen.

2. Für die Sauce die Zwiebel schälen und fein würfeln. Den Schafskäse zerbröseln und mit der Buttermilch verrühren. Die Kräuter waschen, trockentupfen und hacken, mit den Walnüssen und den Zwiebelwürfeln unter die Sauce mischen.

3. Die Sauce unter den Salat heben. Den Salat mit Obstessig und Kräutersalz abschmecken, mit dem Paprikapulver bestäubt servieren.

Tipp: Essen Sie dazu eine Salatgurke.

Fränkisches Pilzgulasch

▶ **KOHLENHYDRAT**

▶ **Zubereitungszeit: ca. 45 Minuten**
ca. 590 kcal pro Portion

▶ *Zutaten für 2 Personen*

2 Möhren
500 g gemischte Waldpilze, z. B.
  Pfifferlinge, Steinpilze, Maronen
  (ersatzweise andere Pilze wie
  Champignons und Austernpilze)
1 Zwiebel
15 g Butter
Kräutersalz
2 EL feines Dinkelvollkornmehl
100 g Sahne
125 ml vegetarische Gemüsebrühe
  (aus Instantpulver hergestellt)
120 g dünne Vollkornbandnudeln
Meersalz
2 EL gehackte Petersilie

1. Die Möhren schälen, waschen, trockentupfen und in dünne Scheiben hobeln. Die Pilze putzen, waschen, trockentupfen und klein schneiden. Die Zwiebel schälen und fein hacken.

2. Die Butter in einer Pfanne zerlassen, die Möhrenscheiben und Zwiebelwürfel darin andünsten. Die Pilze dazugeben und unter Rühren anbraten. Dann alles mit dem Kräutersalz würzen, das Dinkelmehl darüber streuen und unter Rühren etwas anschwitzen. Die Sahne angießen und bei schwacher Hitze kurz aufkochen. Die Brühe dazugießen und das Ganze etwa 15 Minuten köcheln lassen.

3. Inzwischen die Nudeln in leicht gesalzenem Wasser bissfest garen, dann abgießen und abtropfen lassen. Die Nudeln zusammen mit dem Pilzgulasch servieren und mit der gehackten Petersilie bestreuen.

Tipp: Essen Sie als Vorspeise einen Blattsalat, beispielsweise nach folgendem Rezept: Von 1 Eisbergsalat die äußeren Blätter entfernen und das Herz in 4 Teile schneiden. Den Salat auf 2 Tellern anrichten. Aus 2 Esslöffeln kaltgepresstem Sesamöl, 1 Esslöffel Obstessig, 2 Esslöffeln Wasser, 1 Esslöffel Sahne und etwas Kräutersalz ein Dressing rühren und die Salatstücke damit beträufeln. Den Salat mit 3 Esslöffeln gehackter Petersilie bestreuen.

Dieses vegetarische Gulasch gibt lange anhaltende Kraft und Ausdauer. Die Vollkornnudeln und die Pilze enthalten reichlich Ballaststoffe, die für eine lange Sättigung sorgen und den Blutzuckerspiegel konstant auf hohem Niveau halten.

Getreidebratlinge mit Schnittlauchdip

Grünkern ist unreif geernteter und gedörrter Dinkel. Er enthält reichlich Magnesium und Phosphor – Mineralstoffe, die für die Muskel- und Gehirntätigkeit unverzichtbar sind.

▶ KOHLENHYDRAT

▶ Zubereitungszeit: ca. 45 Minuten
ca. 620 kcal pro Portion

▶ *Zutaten für 2 Personen*

Für die Bratlinge:
180 ml vegetarische Gemüsebrühe
  (aus Instantpulver hergestellt)
70 g Sahne
120 g Grünkernschrot
1 Zwiebel
1 Knoblauchzehe
1 EL Butter
1 Eigelb
Kräutersalz
50 g Quark (20 % Fett)
2 EL Semmelbrösel
1 1/2 EL ungehärtetes Kokosfett

Für den Dip:
100 g saure Sahne
100 g Vollmilchjoghurt
80 g Brokkoliröschen
Kräutersalz
1 kleines Bund Schnittlauch

1. Die Gemüsebrühe mit der Sahne verrühren und zum Kochen bringen. Das Grünkernschrot hinzufügen und das Ganze unter Rühren so lange kochen, bis ein dicker Brei entstanden ist. Dann vom Herd nehmen und ausquellen lassen.

2. Die Zwiebel und den Knoblauch schälen und fein hacken. Die Butter in einer Pfanne zerlassen und die Zwiebel- und Knoblauchwürfel darin glasig dünsten.

3. Den Getreidebrei zusammen mit Zwiebel und Knoblauch in eine Schüssel geben, mit Eigelb, Kräutersalz und Quark verrühren. Alles gut durchkneten und für einige Minuten ziehen lassen.

4. Inzwischen für den Dip die saure Sahne mit dem Joghurt cremig rühren. Den Brokkoli putzen, waschen, trockentupfen, klein schneiden und zusammen mit dem Salz zur Sauce geben. Alles mit dem Schneidstab fein pürieren. Den Schnittlauch waschen, trockenschütteln, in kleine Röllchen schneiden und unter den Dip heben.

5. Aus dem Teig mit angefeuchteten Händen 4 Bratlinge formen, sie in den Semmelbröseln wenden und in dem heißen Fett so lange braten, bis sie knusprig sind. Anschließend auf Küchenkrepp abtropfen lassen. Die Bratlinge zusammen mit dem Schnittlauchdip servieren.

Tipp: Essen Sie dazu einen Teller gemischte Rohkost, z. B. Chicorée, Staudensellerie, Möhren und Gurken.

Gemüsepizza

▶ **KOHLENHYDRAT**

▶ **Zubereitungszeit: ca. 30 Minuten**
Zeit zum Gehen: ca. 40 Minuten
ca. 650 kcal pro Portion

▶ *Zutaten für 2 Personen*

Für den Teig:

1 Würfel Hefe (42 g)
200 g feines Dinkelvollkornmehl
1/2 TL Salz
etwas Butter für die Form
etwas Mehl zum Ausrollen

Für den Belag:

1 Gemüsezwiebel
1 Stange Lauch
10 schwarze Oliven
150 g Champignons
1 1/2 EL kaltgepresstes Olivenöl
1 TL Kräutersalz
1–2 TL Oreganoblättchen
1 TL Majoranblättchen
1 Knoblauchzehe
80 g Wörishofener Käse
5 Sardellen

1. Die Hefe zerbröseln, in 130 ml warmem Wasser verrühren und mit der Hälfte des Mehls zu einem Vorteig mischen. Diesen etwa 20 Minuten zugedeckt an einem warmen Ort gehen lassen. Anschließend das restliche Mehl und das Salz hinzufügen und alles zu einem geschmeidigen Teig verkneten.

2. Eine runde Pizza- oder Springform (28 cm Durchmesser) mit der Butter ausfetten, den Teig auf Größe der Form ausrollen, in die Form legen und einen kleinen Rand hochdrücken. Den Teig zugedeckt nochmals etwa 20 Minuten an einem warmen Ort gehen lassen.

3. Inzwischen die Zwiebel schälen und in dünne Ringe schneiden. Den Lauch putzen und in kleine Streifen schneiden. Den Backofen auf 200 °C (Umluft 180 °C, Gas Stufe 3) vorheizen.

4. Die Oliven fein hacken, die Pilze putzen und feinblättrig aufschneiden.

5. Das Gemüse in dem Öl andünsten und mit Salz, Oregano sowie Majoran würzen. Den Knoblauch schälen und durch eine Presse dazudrücken.

6. Das Gemüse auf dem Teig verteilen, den Käse in Streifen schneiden und darauf legen. Die Pizza 18 – 20 Minuten backen. Die Sardellen abspülen, trockentupfen und die gebackene Pizza damit belegen.

Oliven enthalten Substanzen, die Leber und Galle schützen. Diese steigern den Gallenfluss und können damit zur Vorbeugung gegen Gallensteine und zu besserer Verdauung von Fett beitragen.

Haferflockenklößchen mit Pilzsauce

▶ **KOHLENHYDRAT**

▶ **Zubereitungszeit: ca. 50 Minuten**
ca. 620 kcal pro Portion

▶ **Zutaten für 2 Personen**

Für die Klößchen:

1 Zwiebel
1–2 Knoblauchzehen
1 1/2 EL Butter
2 Eigelb
100 ml vegetarische Gemüsebrühe
  (aus Instantpulver hergestellt)
120 g Haferflocken
Kräutersalz
2 EL gehackte Petersilie
1 TL gehackter Majoran
1 l vegetarische Gemüsebrühe
  (aus Instantpulver hergestellt)

Für die Sauce:

3 EL getr. Steinpilze
1 Zwiebel
2 Möhren
1 EL Butter
250 ml vegetarische Gemüsebrühe
  (aus Instantpulver hergestellt)
1 Lorbeerblatt
Kräutersalz
1/2 TL getr. Thymian
1 TL Speisestärke
4 EL Sahne

1. Für die Sauce die getrockneten Steinpilze mit warmen Wasser bedecken und etwa 30 Minuten quellen lassen.

2. Inzwischen für die Klößchen die Zwiebel und den Knoblauch schälen, beides in kleine Würfel schneiden und in der Butter glasig dünsten. Die Eigelbe in einer Schüssel schaumig schlagen, die Gemüsebrühe dazugießen und die Haferflocken dazugeben.

3. Die Hafermischung mit Kräutersalz und den gehackten Kräutern würzen, Zwiebel und Knoblauch unterrühren. Das Ganze unter Rühren zu einem festen Teig verarbeiten und kurze Zeit ruhen lassen.

4. Die Brühe in einem Topf erhitzen, aber nicht kochen. Aus dem Teig mit angefeuchteten Händen kleine Klößchen von etwa 4 – 5 cm Durchmesser formen und diese in der Brühe bei geöffnetem Deckel in etwa 8 – 10 Minuten gar ziehen lassen.

5. Für die Sauce die Zwiebel und die Möhren schälen und in Würfel schneiden. Die Butter in einem Topf zerlassen, Zwiebel und Möhren hinzufügen und unter Rühren weich dünsten. Mit der Brühe aufgießen. Die Pilze mit dem Einweichwasser und dem Lorbeerblatt hinzufügen, umrühren und etwa 5 Minuten kochen lassen.

6. Dann die Sauce durch ein Sieb streichen und mit Kräutersalz und Thymian würzen. Die Speisestärke mit 100 ml kaltem Wasser und der Sahne verrühren, in die heiße Sauce einrühren und kurz aufkochen lassen. Die Steinpilzsauce zusammen mit den Haferflockenklößchen servieren.

Tipp: Essen Sie als Beilage in Butter gedünstete Möhren. Dafür 600 g Möhren schälen, waschen und in dünne Scheiben schneiden. 10 g Butter in einem Topf zerlassen und die Möhren unter Rühren darin andünsten, leicht mit Salz würzen. 80 ml Wasser angießen, kurz aufkochen und die Möhren bei geringer Hitze im geschlossenen Topf 8 – 10 Minuten garen. Das Gemüse mit gehackter Petersilie bestreuen.

Kartoffeln in Sahnesauce mit Blattspinat

▶ **KOHLENHYDRAT**

▶ **Zubereitungszeit: ca. 25 Minuten**
ca. 490 kcal pro Portion

▶ *Zutaten für 2 Personen*

Für die Kartoffeln:

400 g kleine Kartoffeln
500 ml vegetarische Gemüsebrühe
    (aus Instantpulver hergestellt)
60 g Sahne
1 ¹/₂ TL Kartoffelstärke
1 TL Currypulver
1 Döschen Safranpulver
2 Eigelb
100 g saure Sahne
2 EL gehackte Kräuter (Dill, Kerbel,
    Borretsch, Petersilie)

Für den Spinat:

500 g Spinat
1 kleine Zwiebel
1 Knoblauchzehe
1 EL kaltgepresstes
    Sonnenblumenöl
Kräutersalz

1. Die Kartoffeln waschen und dünn schälen. Die Brühe mit der Sahne in einem Topf aufkochen und die Kartoffeln darin 18 – 20 Minuten weich garen.

2. Inzwischen den Spinat waschen, putzen und die harten Stiele entfernen. Die Zwiebel und den Knoblauch schälen und fein würfeln. Das Öl in einer hochwandigen Pfanne erhitzen und die Zwiebel- und Knoblauchwürfel darin glasig dünsten. Nach und nach den Spinat unter Rühren hinzufügen und andünsten. Die Spinatblätter im geschlossenen Topf zusammenfallen lassen und leicht salzen.

3. Die gegarten Kartoffeln aus der Flüssigkeit nehmen und warm stellen.

4. Die Kartoffelstärke mit wenig Wasser glatt rühren, die Garflüssigkeit damit binden und kurz aufkochen lassen. Etwas von der heißen Sauce abnehmen und mit Currypulver, Safran und den Eigelben verrühren.

5. Das Ganze zurück in die Sauce geben, zusammen mit der sauren Sahne und den Kräutern unterrühren. Die heiße Sauce über die Kartoffeln geben. Den Blattspinat zusammen mit den Sahnekartoffeln servieren.

Spinat enthält viel Folsäure. Dieses Vitamin ist für die Bildung des roten Blutfarbstoffs und damit von roten Blutkörperchen wichtig – eine Voraussetzung für die gute Versorgung der Körperzellen.

Dinkelgratin

Dinkel sorgt von innen für äußere Schönheit: Mit seinem hohen Gehalt an Silizium bzw. Kieselsäure liefert er einen wichtigen Beitrag für gesunde Haut, Haare und Nägel. Dieses Getreide sollte häufiger auf unserem Speiseplan stehen, denn es enthält mehr Mineralstoffe und Vitamine als Weizen.

▶ **KOHLENHYDRAT**

▶ **Zubereitungszeit: ca. 45 Minuten**
Quellzeit: ca. 8 Stunden oder über Nacht
ca. 620 kcal pro Portion

▶ *Zutaten für 2 Personen*

100 g Dinkelkörner
2 Stangen Lauch (geputzt ca. 600 g)
1 Zwiebel
200 g Champignons
2 EL Butter
1 EL fein gemahlenes
Dinkelvollkornmehl
1 1/2 El vegetarische
Gemüsebrühe
1/4 TL frisch geriebene Muskatnuss
1 Zweig Majoran
100 g saure Sahne
1–2 TL Currypulver
100 g Käse, 60 % Fett i. Tr., in Streifen
geschnitten (z. B. Wörishofener
oder Rahmgouda)

1. Den Dinkel 8 Stunden in Wasser quellen lassen. Dann bei schwacher Hitze im geschlossenen Topf 25 Minuten garen.

2. Den Lauch putzen, in schmale Streifen schneiden. Die Zwiebel schälen und würfeln. Die Pilze putzen und feinblättrig schneiden. Den Backofen auf 160 °C (Umluft: 140 °C, Gas Stufe 1–2) vorheizen.

3. Die Butter zerlassen und das Gemüse darin andünsten. Den Dinkel abtropfen lassen und zufügen. Alles mit dem Mehl bestäuben, unter Rühren 125 ml Wasser angießen und kurz aufkochen lassen. Mit Gemüsebrühe, Muskat und Majoran würzen und in eine Auflaufform geben.

4. Die saure Sahne mit dem Curry verrühren und unter das Dinkelgemüse ziehen, den Käse darauf legen. Das Gratin 12 – 15 Minuten überbacken.

Röstkartoffeln mit Butterbohnen

▶ **KOHLENHYDRAT**

▶ **Zubereitungszeit: ca. 30 Minuten**
ca. 440 kcal pro Portion

▶ *Zutaten für 2 Personen*

Für die Kartoffeln:

400 g Pellkartoffeln,
am Vortag gegart
1 Zwiebel
3 EL kaltgepresstes
Sonnenblumenöl
1 TL Kräutersalz
1 TL gerebelter Majoran

Für die Bohnen:

600 g grüne Bohnen
1 EL Butter
1 Zweig Bohnenkraut
125 ml vegetarische
Gemüsebrühe (aus
Instantpulver hergestellt)
2 EL saure Sahne

1. Die Kartoffeln pellen und in Scheiben schneiden. Die Zwiebel schälen, fein würfeln und in dem heißen Öl glasig dünsten.

2. Die Kartoffelscheiben hinzufügen, alles mit dem Kräutersalz und dem Majoran würzen und bei nicht zu großer Hitze so lange braten, bis die Kartoffeln goldgelb sind.

3. Inzwischen die Bohnen waschen, putzen, wenn nötig abfädeln und in etwa 3 cm lange Stücke schneiden.

4. Die Butter in einem Topf zerlassen und die Bohnen darin unter Rühren leicht andünsten. Das Bohnenkraut und die Gemüsebrühe hinzufügen und die Bohnen im geschlossenen Topf etwa 15 Minuten köcheln lassen.

5. Die gegarten Bohnen aus der Brühe nehmen, das Bohnenkraut entfernen und die Bohnen zusammen mit den Röstkartoffeln und je einem Klecks saurer Sahne servieren.

Gemüse ist der wichtigste Kaliumlieferant in unserer täglichen Ernährung. Dieser Mineralstoff ist am Stoffaustausch zwischen Blut und Zellen beteiligt und verantwortlich dafür, dass die Nährstoffe in jede Zelle des Körpers gelangen.

Reispfanne
mit Pfifferlingen

Die Reispfanne ist ein Vollwertgericht par excellence, denn sie besteht aus einer großen Vielfalt weitgehend naturbelassener Zutaten. Das garantiert eine rundum gute Versorgung mit unterschiedlichen Nährstoffen und bioaktiven Substanzen.

▶ **KOHLENHYDRAT**

▶ **Zubereitungszeit: ca. 40 Minuten**
Quellzeit: ca. 3 Stunden
ca. 470 kcal pro Portion

▶ *Zutaten für 2 Personen*

100 g Basmati-Naturreis
1 Zwiebel
1 Knoblauchzehe
1 Stange Staudensellerie
1 gelbe Paprikaschote
1 Möhre
250 g kleine Pfifferlinge
1 ¹/₂ El kaltgepresstes Sonnenblumenöl
50 g Erbsen (TK-Produkt)
¹/₂ TL Safranpulver
125 ml vegetarische Gemüsebrühe
1 Msp. Cayennepfeffer
Kräutersalz
4 EL Mandelblättchen

1. Den Reis in einen Topf geben, mit kaltem Wasser bedecken und etwa 3 Stunden quellen lassen. Dann bei geringer Hitze im geschlossenen Topf etwa 25 Minuten garen.

2. Inzwischen die Zwiebel und den Knoblauch schälen und fein würfeln. Den Sellerie putzen, waschen und in schmale Scheibchen schneiden. Die Paprikaschote waschen, trockentupfen, putzen und in kleine Streifen schneiden. Die Möhre schälen, waschen, trockentupfen und würfeln. Die Pilze putzen, waschen und trockentupfen.

3. Das Öl in einer Pfanne erhitzen, die Zwiebel- und Knoblauchwürfel sowie die Selleriescheiben darin glasig dünsten. Paprikastreifen, Möhrenwürfel, Erbsen und Pilze hinzufügen und mit Safran bestäuben. Alles unter Rühren andünsten.

4. Das Gemüse mit der Brühe ablöschen und bei schwacher Hitze etwa 15 Minuten garen. Den Reis abtropfen lassen, untermischen und mit Cayennepfeffer und Kräutersalz würzen.

5. Die Mandeln ohne Fett in einer beschichteten Pfanne rösten, den Gemüsereis auf 2 Tellern anrichten und mit den Mandeln bestreut servieren.

Tipp: Sieht gut aus und schmeckt lecker dazu: etwas glatte Petersilie fein gehackt zusammen mit den Mandelblättchen auf das Gericht geben.

Kartoffelpüree mit Ziegenkäsedressing

▶ **KOHLENHYDRAT**

▶ **Zubereitungszeit: ca. 35 Minuten**
ca. 380 kcal pro Portion

▶ *Zutaten für 2 Personen*

Für den Kartoffelbrei:

5 Kartoffeln, küchenfertig ca. 400 g
1 EL vegetarische Gemüsebrühe
50 g Sahne

Für die Sauce:

80 g Ziegenfrischkäse
120 ml Buttermilch
4 EL saure Sahne
1 TL kaltgepresstes Weizenkeimöl
1 TL Paprikapulver, edelsüß

1. Die Kartoffeln schälen, waschen und in kleine Würfel schneiden. Sie in einen Topf geben, knapp mit Wasser bedecken und bei geschlossenem Deckel in etwa 20 Minuten weich kochen.

2. Die Kartoffelwürfel im eigenen Kochwasser zerstampfen, dann das Püree mit der Gemüsebrühe abschmecken und mit der Sahne verfeinern.

3. Für die Sauce den Ziegenkäse mit einer Gabel zerdrücken. Nach und nach Buttermilch, saure Sahne und Öl unterrühren. Die Sauce mit Paprikapulver bestäuben und mit dem Kartoffelbrei servieren.

Tipp: Essen Sie dazu einen sautierten Eisbergsalat: 1 Eisbergsalat putzen und in breite Streifen schneiden. 1 Esslöffel Butter in einem Topf zerlassen, 2 Teelöffel Obstessig hineinrühren und den Salat darin unter Rühren 3–5 Minuten andünsten. Den Salat mit Kräutersalz und gehackten, gemischten Salatkräuter würzen.

Weizenkeimöl enthält viel Linolsäure, die der Körper nicht selbst herstellen kann. Ein Mangel daran kann unterschiedliche Erkrankungen verursachen.

Gemüsepaella

▶ **KOHLENHYDRAT**

▶ **Zubereitungszeit: ca. 45 Minuten**
ca. 520 kcal pro Portion

▶ *Zutaten für 2 Personen*

2 große rote Paprikaschoten
1 kleine Zucchini
125 g Champignons
1 Zwiebel
10 Knoblauchzehen
3 EL kaltgepresstes Olivenöl
100 g Vollkorn-Basmati-Reis
300 ml vegetarische
   Gemüsebrühe (aus Instant-
   pulver hergestellt)
4 EL TK-Erbsen
1 Döschen Safran
Kräutersalz
1 TL Sambal Oelek
12 schwarze Oliven
1 kleines Bund glatte Petersilie

1. 1 Paprikaschote der Länge nach in 8 gleich große Stücke schneiden, entkernen, waschen und trockentupfen. Die zweite Schote putzen, waschen, trockentupfen und in kleine Streifen schneiden.

2. Die Zucchini putzen, waschen, trockentupfen und in fingerdicke Stifte schneiden. Die Pilze putzen und in Scheiben schneiden.

3. Die Zwiebel schälen und würfeln. Die Knoblauchzehen säubern, aber nicht schälen.

4. Das Öl in einer Pfanne erhitzen, den Knoblauch und die 8 Paprikastücke darin anbraten. Anschließend die Paprika aus der Pfanne nehmen und beiseite legen.

5. Die Zwiebelstücke im verbliebenen Öl in der Pfanne andünsten. Den Reis hinzufügen und kurz anbraten. Dann mit der Gemüsebrühe ablöschen und bei schwacher Hitze etwa 10 Minuten köcheln lassen.

6. Die restlichen Paprikastreifen, Zucchini, Pilze, Erbsen und den Safran hinzufügen. Alles umrühren und weitere 12 – 15 Minuten garen.

7. Die Paella mit dem Kräutersalz und dem Sambal Oelek abschmecken. Kurz vor Ende der Garzeit – die Flüssigkeit sollte fast ganz aufgesogen sein – die Paprikastreifen dekorativ auf die Paella legen und mit den Oliven und der Petersilie garnieren.

Griechischer Bauernsalat

▶ **EIWEISS**

▶ **Zubereitungszeit: ca. 30 Min.**
ca. 410 kcal pro Portion

▶ *Zutaten für 2 Personen*

Für den Salat:

1 kleiner Kopf Friséesalat
1 kleiner Kopf Eichblattsalat
2 Fleischtomaten
1 großer säuerlicher Apfel
1 EL Zitronensaft
2 Möhren
2 Scheiben milder Feta à 100 g
je 1 TL getr. Thymian
   und Rosmarin

Für die Sauce:

2 EL Zitronensaft
2 EL saure Sahne
Kräutersalz
1 TL Frutilose
1 Zwiebel
2 EL fein gehackte Kräuter
   (Petersilie, Basilikum)

1. Die Blattsalate putzen, waschen, trockenschleudern und in mundgerechte Stücke zupfen. Die Tomaten waschen, trockentupfen, von den Stielansätzen befreien und in kleine Stücke schneiden.

2. Den Apfel waschen, trockentupfen, vierteln, das Kerngehäuse entfernen und die Apfelviertel in kleine Scheiben schneiden. Diese sofort mit dem Zitronensaft beträufeln. Die Möhren schälen, waschen und grob raspeln.

3. Blattsalate, Tomatenstücke, Apfelscheiben und Karottenraspel in einer Schüssel mischen. Den Backofen auf 175 °C (Umluft: 155 °C, Gas: Stufe 2) vorheizen.

4. Für die Sauce den Zitronensaft mit 80 ml Wasser und der sauren Sahne gut verquirlen. Mit dem Kräutersalz und der Frutilose fein abschmecken. Die Zwiebel schälen, sehr fein würfeln und zusammen mit den gehackten Kräutern unter die Sauce heben. Den Salat mit der Sauce mischen.

5. Den Feta auf 1 Stück Alufolie legen, mit Thymian und Rosmarin bestreuen und im Backofen 6 – 8 Minuten grillen. Den Käse mit dem Salat servieren.

Essen Sie diesen Salat bevorzugt wenn Sie etwas nervös sind oder belastet, denn die Blätter des grünen Salats enthalten Substanzen, die die Nerven beruhigen und entspannen.

Hauptgerichte mit

Auf den folgenden Seiten stellen wir Ihnen Trennkostgerichte mit den verschiedensten Fleisch- und Geflügelsorten vor. Darunter finden Sie viele Rezepte für die unkomplizierte Alltagsküche und für die ganze Familie, doch auch Ausgefalleneres für Gäste kommt nicht zu kurz. Sie können zwischen Gerichten aus Topf, Pfanne und Backofen wählen. Mit Ausnahme der Bündner Bauernsuppe, die sich auch als Abendessen eignet, handelt es sich bei diesen Rezepten um Eiweißgerichte, die Sie sich in der Regel als Mittagessen gönnen sollten.

Indische Hackbällchen mit Mangosauce

▶ **EIWEISS**

▶ **Zubereitungszeit: ca. 50 Min**
ca. 1000 kcal pro Portion

▶ *Zutaten für 2 Personen*

Für das Gemüse:

1 Stange Lauch
2 Möhren
1 kleine Zwiebel
250 g Mungbohnenkeimlinge
1½ EL Sesamöl
Kräutersalz

Für die Sauce:

1 Bund Frühlingszwiebeln
1 Mango
10 g Butter
150 ml vegetarische Gemüsebrühe
    (aus Instantpulver hergestellt)
50 ml trockener Weißwein
1 TL Zitronensaft
2 EL saure Sahne
Kräutersalz
1 TL Currypulver
einige Tropfen Frutilose

Für die Hackbällchen:

50 g ungeschwefelte Rosinen
300 g Lamm- oder
    Rinderhackfleisch
3 EL Mandelblättchen
1 TL Currypulver
½ TL Sambal Oelek
1 Ei
Meersalz
2 EL Sesamöl
einige Zitronenscheiben

Mangos bieten der Haut eine wahre Schönheitskur, denn sie enthalten ein ganzes Paket an Hautschutz-Vitaminen: Beta-Carotin sorgt dafür, dass die Haut leichter bräunt, Vitamin E schützt sie vor dem Austrocknen, und Vitamin C trägt zu straffem Bindegewebe bei.

1. Für das Gemüse den Lauch putzen, waschen und in etwa 3 cm lange Stücke, dann in schmale Stifte schneiden. Die Möhren schälen, waschen und in feine Stifte hobeln. Die Zwiebel schälen und sehr fein würfeln. Die Keimlinge verlesen und waschen. Das geputzte Gemüse beiseite stellen.

2. Für die Sauce 2 der Frühlingszwiebeln waschen, putzen und fein würfeln. Etwas Grün in sehr feine Ringe schneiden und beiseite legen. Die Mango schälen und in kleine Würfel schneiden.

3. Die Butter in einer Pfanne zerlassen und die Zwiebelwürfel darin glasig dünsten. Die Mangowürfel dazugeben, kurz mit anbraten und alles mit der Gemüsebrühe ablöschen. Mit dem Wein und dem Zitronensaft leicht säuerlich abschmecken und die Sauce leicht einkochen lassen. Danach die Sauce durch ein Sieb streichen und mit der Sahne verfeinern. Mit Kräutersalz, Curry und einigen Tropfen Frutilose würzen und mit dem Zwiebelgrün bestreuen.

4. Die restlichen Frühlingszwiebeln waschen, trockentupfen, putzen und fein hacken. Die Rosinen heiß überbrühen, abgießen und trockentupfen. Das Hackfleisch mit den Frühlingszwiebeln, Rosinen, Mandelblättchen, Curry, Sambal Oelek und dem Ei gut verkneten. Die Masse mit dem Salz würzen.

5. 2 EL Sesamöl in einer Pfanne erhitzen. Aus dem Hackfleisch kleine Kugeln formen, diese in dem Öl scharf anbraten und dann bei milder Hitze garen lassen.

6. 1½ EL Sesamöl in einer Pfanne erhitzen. Die Zwiebel darin anbraten. Das restliche Gemüse und die Keimlinge hinzufügen und leicht salzen. Während des Bratens die Pfanne immer wieder schwenken, damit das Gemüse von allen Seiten leicht anbrät.

7. Die Hackbällchen zusammen mit dem Gemüse und der Sauce servieren, mit dem Zwiebelgrün und den Zitronenscheiben garnieren.

Hähnchenkeulen mit Gemüse

▶ **EIWEISS**

▶ **Zubereitungszeit: ca. 30 Minuten**
Backzeit: ca. 30 Minuten
ca. 670 kcal pro Portion

▶ *Zutaten für 2 Personen*

500 g reife Tomaten
300 g Fenchelknolle
4 Hähnchenschenkel
1 TL Meersalz
1 TL Paprikapulver, edelsüß
1 TL getr. Rosmarin
3 EL kaltgepresstes Olivenöl
1–2 Knoblauchzehen
200 ml vegetarische Gemüsebrühe
(aus Instantpulver hergestellt)
60 g süße Sahne
1 TL Currypulver
Meersalz
1/2 TL Kurkuma
1/4 TL Cayennepfeffer

1. Die Tomaten über Kreuz einritzen, kurz überbrühen, abschrecken und enthäuten. Sie dann halbieren, entkernen und die Stielansätze herausschneiden. Das Fruchtfleisch in Würfel schneiden.

2. Den Fenchel putzen, waschen und in Scheiben schneiden. Die Hähnchenschenkel kalt abspülen, trockentupfen und mit Salz, Paprikapulver und Rosmarin einreiben. Das Öl in einer Pfanne erhitzen und die Hähnchenschenkel darin anbraten. Anschließend mit einem Pfannenwender herausnehmen und beiseite legen. Den Backofen auf 170 °C (Umluft: 150 °C, Gas: Stufe 2) vorheizen.

3. Den Fenchel in der Pfanne im verbliebenen Öl anbraten. In eine feuerfeste Form geben, die Tomatenwürfel und die Knoblauchzehen hinzufügen und die Brühe angießen. Die Hähnchenschenkel obenauf legen. Das Ganze im vorgeheizten Backofen etwa 30 Minuten braten.

4. Das Fleisch auf 2 Tellern anrichten. Die Sahne unter das Gemüse rühren, mit Curry, Salz, Kurkuma und Cayennepfeffer würzen. Das Gemüse zusammen mit dem Fleisch servieren.

Pflegen Sie die Wände Ihrer Zellen! Curcumin, ein Inhaltsstoff von Curry, kann die Oxidation von Fetten verhindern. Und da die Zellwände viele fettähnliche Substanzen enthalten, hilft Curcumin, diese Hülle intakt zu halten.

1 TL Oregano
1/2 TL Sambal Oelek
3 EL Sahne
50 geriebener Parmesan
einige Basilikumblättchen

1. Die Fleischtomaten waschen, abtrocknen, oben jeweils einen Deckel abschneiden und die Kerngehäuse mit einem Löffel herausschaben. Das herausgelöste Fruchtfleisch durch ein Sieb streichen und den Saft dabei auffangen.

2. Die Zwiebel schälen und fein hacken. Das Hackfleisch in eine Schüssel geben und mit der Hälfte der fein gehackten Zwiebel, der gehackten Petersilie und dem Eigelb vermischen. Mit Kräutersalz, Cayennepfeffer und Oregano würzen.

3. Anschließend 2/3 des Fleischteiges in die Tomaten füllen, den Rest beiseite stellen. Den Backofen auf 170 °C (Umluft: 150 °C, Gas: Stufe 2) vorheizen.

4. Die Tomaten für die Sauce kreuzweise einritzen, kurz überbrühen, kalt abschrecken, enthäuten und dann in kleine Stücke schneiden.

5. Das Öl in einer Pfanne nicht zu stark erhitzen und die restlichen Zwiebelwürfel darin andünsten. Das restliche Hackfleisch hinzufügen und krümelig anbraten. Dann die Tomatenstücke und den aufgefangenen Saft dazugeben und alles mit der Gemüsebrühe, Knoblauch, Oregano und Sambal Oelek würzen. Die Sauce mit der Sahne verfeinern.

6. Die Sauce in eine Auflaufform gießen und die gefüllten Tomaten darauf setzen. Die Tomaten mit dem Parmesan bestreuen und alles etwa 25 Minuten überbacken. Den Auflauf eventuell die ersten 15 Minuten mit Alufolie abdecken. Die gefüllten Tomaten mit Basilikum garniert servieren. Dazu passt ein frischer Blattsalat.

Gefüllte Tomaten in Fleischsauce

Fleisch als wichtiger Eisenlieferant bringt unsere grauen Zellen auf Trab. Eisen wird zur Bildung roter Blutkörperchen benötigt, die den Sauerstoff zu den Zellen transportieren. Und da das Gehirn besonders viel „frische Luft" benötigt, wirkt sich ein Eisenmangel auf dieses Organ besonders nachteilig aus.

▶ **EIWEISS**

▶ Zubereitungszeit: ca. 45 Minuten
ca. 740 kcal pro Portion

▶ *Zutaten für 2 Personen*

Für die Tomaten:
4 mittelgroße Fleischtomaten
1 große Zwiebel
300 g Rinderhackfleisch
2 EL gehackte Petersilie
1 Eigelb
Kräutersalz
1 Msp. Cayennepfeffer
1 TL Oregano

Für die Sauce:
400 g Tomaten
1 1/2 EL kaltgepresstes Olivenöl
2 TL vegetarische Gemüsebrühe
1–2 gehackte Knoblauchzehen

Ingwerhähnchen auf buntem Salat

▶ **EIWEISS**

▶ **Zubereitungszeit. ca. 30 Min.
ca. 560 kcal pro Portion**

▶ *Zutaten für 2 Personen*

300 g Hähnchenfleisch
1–2 Knoblauchzehen
Meersalz
1 EL feingehackter Ingwer
$^1/_2$ TL Chilipulver
*4 EL kaltgepresstes
   Sonnenblumenöl*
1 kleiner Kopf Radiccio
1 kleiner Kopf Eichblattsalat
1 kleine Salatgurke
1 säuerlicher Apfel
1 TL Zitronensaft
1 Möhre
1 TL Zitronensaft
2 EL saure Sahne
1 Zwiebel
Kräutersalz
*2 EL fein gehackte Kräuter
   (Petersilie, Kerbel, Kresse)*
1 TL Frutilose

1. Das Hähnchenfleisch waschen, trockentupfen und in mundgerechte Stücke schneiden.

2. Die Knoblauchzehen schälen und mit Salz, Ingwer und Chilipulver in einem Mörser zu einer Paste zerreiben. Das Öl hinzufügen und die Hähnchenstücke damit kurze Zeit marinieren.

3. Inzwischen den Radicchio und den Eichblattsalat putzen, waschen, trockenschleudern und in mundgerechte Stücke zupfen. Die Gurke schälen, halbieren, entkernen und in etwa 1 cm große Würfel schneiden.

4. Den Apfel waschen, vierteln, das Kerngehäuse entfernen und das Fruchtfleisch in kleine Würfel schneiden. Sofort mit dem Zitronensaft beträufeln. Die Möhre putzen, schälen und grob raspeln.

5. Blattsalate, Gurke, Möhre und Apfel dekorativ auf einer Platte anrichten.

6. Für die Sauce den Zitronensaft mit 80 ml Wasser und der sauren Sahne gut verquirlen. Die Zwiebel schälen, fein hacken und zur Sauce geben. Mit Kräutersalz, Kräutern und Frutilose fein abschmecken und über den Salat gießen.

7. Zum Schluss das Fleisch mit der Marinade in einer Pfanne erhitzen und unter Rühren von allen Seiten braten. Anschließend auf dem Salat anrichten und sofort servieren.

Besonders Menschen mit niedrigem Blutdruck sollten öfter mal für „Paprika im Blut" sorgen, denn: Scharf gewürzte Gerichte, wie hier mit Chili und Ingwer, regen den Kreislauf an und verleihen neuen Schwung.

Weißkohllasagne

▶ **EIWEISS**

Weißkohl enthält wie alle Kohlarten Indole. Diese sekundären Pflanzenstoffe scheinen eine sehr gute krebshemmende Wirkung zu haben.

▶ **Zubereitungszeit: ca. 30 Minuten**
Backzeit: ca. 20 Minuten
ca. 990 kcal pro Portion

▶ *Zutaten für 2 Personen*

1 kleiner Weißkohl
Meersalz
4 EL kaltgepresstes Sonnenblumenöl
1 TL Kümmelpulver
400 g reife Tomaten
1 Zwiebel
2 Knoblauchzehen
300 g Rinderhackfleisch
Meersalz
1/2 TL Chilipulver
4 El gehackte Petersilie
100 ml vegetarische Gemüsebrühe
   (aus Instantpulver hergestellt)
4 EL süße Sahne
Kräutersalz
100 g junger Gouda

1. Den Kohlkopf säubern und im kochenden Salzwasser 7–8 Minuten kochen. Dann aus dem Wasser nehmen, leicht abkühlen lassen, den Strunk herausschneiden und den Kohl in feine Streifen schneiden.

2. Die Hälfte des Öls in einer großen Pfanne erhitzen und die Kohlstreifen darin 4–5 Minuten braten. Während des Bratens die Pfanne immer wieder schwenken, damit das Gemüse von allen Seiten leicht angebraten wird. Mit dem Kümmel leicht würzen.

3. Inzwischen die Tomaten kreuzweise einschneiden, überbrühen, enthäuten und in Würfel schneiden. Den Backofen auf 175 °C (Umluft: 155 °C, Gas: Stufe 2) vorheizen.

4. Die Zwiebel und den Knoblauch schälen und fein hacken. Das restliche Öl in einer Pfanne erhitzen und die Zwiebelwürfel und den Knoblauch darin dünsten. Das Hackfleisch hinzufügen und unter Rühren krümelig anbraten. Mit Salz, Chili und der gehackten Petersilie würzen. Die Tomatenwürfel hinzufügen, mit der Gemüsebrühe auffüllen und alles mit der Sahne binden. Eventuell mit etwas Kräutersalz nachwürzen.

5. Nun eine dünne Schicht Weißkraut in eine Auflaufform geben und im Wechsel Hackfleischsauce und Gemüse einschichten. Die letzte Schicht sollte eine Lage Kohl sein. Den Käse in Streifen schneiden, auf der Kohllasagne verteilen und das Ganze im vorgeheizten Backofen etwa 20 Minuten überbacken.

Asiatisches Pfannengemüse mit Rindersteak

▶ **EIWEISS**

▶ **Zubereitungszeit: 45 Minuten**
ca. 990 kcal pro Portion

▶ *Zutaten für 2 Personen*

250 g Brokkoli
1 Zucchini, ca. 150 g
100 g frische Shiitake-Pilze
oder Austernpilze
je 1 rote und gelbe Paprika-
schote
100 g Mungbohnenkeimlinge
1 Zwiebel
1 kleines Stück frische
Ingwerwurzel
2 EL kaltgepresstes
Sonnenblumenöl
40 g Cashewkerne
125 ml vegetarische Gemüsebrühe
(aus Instantpulver hergestellt)
2 EL salzarme Sojasauce
2 Filetsteaks à ca. 150 g
10 g ungehärtetes Kokosfett
Meersalz

1. Den Brokkoli waschen, putzen und die Röschen abschneiden. Die Stiele schälen und in Scheiben schneiden. Den Brokkoli in etwa 5 Minuten in wenig kochendem Wasser bissfest garen und anschließend abtropfen lassen.

2. Den Zucchini und die Pilze waschen, putzen, trockentupfen und in dünne Scheiben bzw. Streifen schneiden. Die Paprikaschoten putzen, waschen, trockentupfen und klein würfeln. Die Mungbohnenkeime verlesen, in einem Sieb waschen und abtropfen lassen.

3. Die Zwiebel schälen und in dünne Spalten schneiden. Den Ingwer schälen und fein hacken. Beide Zutaten zusammen im heißen Öl glasig dünsten.

4. Dann das gesamte Gemüse und die Cashewkerne hinzufügen und gründlich durchrühren. Die vegetarische Brühe angießen, mit der Sojasauce würzen und alles zugedeckt etwa 15 Minuten garen.

5. Inzwischen das Fleisch kalt abspülen, trockentupfen und in dem heißen Kokosfett von jeder Seite 3–5 Minuten braten. Danach das Fleisch salzen und zusammen mit dem Pfannengemüse servieren.

Pilzen wird seit alters her eine stärkende Wirkung nachgesagt. Von den Shiitakepilzen weiß man, dass sie einen positiven Einfluss auf die Virenabwehr und eine hemmende Wirkung auf das Tumorwachstum haben.

Geschmortes Lamm mit Kohlrabigemüse

▶ **EIWEISS**

▶ Zubereitungszeit: ca. 30 Minuten
Backzeit: ca. 45 Minuten
ca. 740 kcal pro Portion

▶ *Zutaten für 2 Personen*

Für das Lammfleisch:

300 g Lammfleisch
1 Zwiebel
1¹/₂ EL kaltgepresstes Olivenöl
1–2 TL Paprikapulver, rosenscharf
¹/₂ TL Cayennepfeffer
1 TL Meersalz
1–2 gehackte Knoblauchzehen
1–2 TL gehackte Rosmarinnadeln
150 g kleine Champignons
2 Bund Frühlingszwiebeln
400 g reife Tomaten
300 ml vegetarische Gemüsebrühe
  (aus Instantpulver hergestellt)
5 EL süße Sahne
2 Rosmarinzweige

Für das Kohlrabigemüse:

3 junge Kohlrabiknollen (500 g)
50 g Sahne
Meersalz
3 EL gehackte Petersilie

Kohlrabi enthält viele Vitalstoffe – unter anderem den Allround-Fitmacher Vitamin C sowie das Antistress-Mineral Magnesium. Streuen Sie zusätzlich die zarten Kohlrabiblättchen über das Gericht, um sich eine zusätzliche Portion davon zu gönnen.

1. Das Fleisch kalt abspülen, trockentupfen und in mundgerechte Würfel schneiden. Die Zwiebel schälen und grob würfeln.

2. Das Olivenöl in einem Topf erhitzen und die Fleischwürfel darin anbraten. Die Zwiebelwürfel zum Fleisch geben und alles mit Rosenpaprika, Cayennepfeffer, Salz, Knoblauch und Rosmarin würzen. Den Backofen auf 200 °C (Umluft: 180 °C, Gas: Stufe 3) vorheizen.

3. Inzwischen die Champignons putzen, waschen und trockentupfen. Die Schalotten schälen und je nach Größe halbieren. Die Tomaten überbrühen, kalt abschrecken, enthäuten, entkernen und das Fruchtfleisch in grobe Würfel schneiden.

4. Dann die angebratenen Fleischstücke in eine feuerfeste Form geben, den Bratensatz in der Pfanne mit der Gemüsebrühe loskochen und über das Fleisch gießen. Champignons, Schalotten und Tomatenwürfel hinzufügen und alles im Backofen etwa 45 Minuten garen.

5. Inzwischen die Kohlrabiknollen schälen und in dünne Spalten schneiden. Die Sahne mit 150 ml Wasser und dem Salz aufkochen und die Kohlrabispalten hineingeben. Zugedeckt 15 – 18 Minuten leicht köcheln lassen.

6. Die Sahne unter die Sauce in der Auflaufform rühren, leicht nachwürzen und das Lammfleisch mit den Rosmarinzweigen garniert auf 2 Tellern anrichten. Das Gemüse mit einer Schaumkelle aus der Brühe nehmen, mit der gehackten Petersilie bestreuen und auf den Tellern verteilen.

Kalte Sommersuppe mit Fleischklößchen

▶ EIWEISS

▶ **Zubereitungszeit: ca. 40 Minuten**
Kühlzeit: ca. 1 Stunde
ca. 790 kcal pro Portion

▶ *Zutaten für 2 Personen*

Für die Suppe:

600 g grüne Bohnen
750 ml vegetarische Gemüsebrühe
    (aus Instantpulver hergestellt)
2 Zweige Bohnenkraut
1 Zwiebel
175 g Sahnedickmilch
1 EL Zitronensaft
Kräutersalz
150 g TK-Maiskörner

Für die Klößchen:

1 Zwiebel
250 g Rinderhackfleisch
2 EL gehackte Petersilie
1 kleines Ei
Meersalz
1/2 TL getr. Majoran
1 Msp. Chilipulver
2 EL kaltgepresstes Sonnen-
    blumenöl
10 Kirschtomaten

1. Die Bohnen waschen, wenn nötig abfädeln und in etwa 3 cm lange Stücke schneiden. Die Gemüsebrühe zusammen mit dem Bohnenkraut zum Kochen bringen und die Bohnen darin in 12–15 Minuten bissfest garen. Anschließend das Bohnenkraut entfernen.

2. Die Zwiebel schälen und sehr fein würfeln. Die Sahnedickmilch mit dem Zitronensaft und dem Kräutersalz cremig verrühren. Die Zwiebelwürfel zusammen mit den Maiskörnern zur Zitronensauce geben, alles in die Suppe rühren und abkühlen lassen.

3. Für die Klößchen die Zwiebel schälen und fein hacken. Das Hackfleisch in eine Schüssel geben, mit den Zwiebelwürfeln, der gehackten Petersilie und dem Ei gut verkneten. Den Fleischteig mit Salz, Majoran und Chilipulver würzen.

4. Das Öl in einer Pfanne erhitzen. Aus dem Hackfleisch kleine Kugeln formen und diese in dem Öl scharf anbraten. Dann bei milder Hitze in etwa 8 Minuten fertig garen und anschließend abkühlen lassen. Die Tomaten waschen, vierteln und zusammen mit den Fleischklößchen in die Suppe geben. Die Sommersuppe gekühlt servieren.

Hier geht nichts von der reichlich in grünen Bohnen enthaltenen Pantothensäure verloren, da das Garwasser mitverwendet wird. Dieses Vitamin hat eine zentrale Bedeutung für den Energiestoffwechsel und den Hormonhaushalt und damit für unsere geistig-seelische Fitness.

Kalbsragout

▶ **EIWEISS**

▶ **Zubereitungszeit: ca. 40 Minuten**
ca. 380 kcal pro Portion

▶ *Zutaten für 2 Personen*

300 g Kalbsschnitzel
400 g Möhren
400 g Austernpilze
1 Zwiebel
1¹/₂ EL ungehärtetes Kokosfett
300 ml vegetarische Gemüsebrühe
2 gehäufte EL saure Sahne
2 EL gehackte Petersilie
9 EL Kerbelblättchen

1. Das Fleisch kalt abspülen, trockentupfen und in mundgerechte Stücke schneiden.

2. Die Möhren waschen, schälen und in dünne Scheiben schneiden. Die Austernpilze putzen, kurz waschen und in grobe Stücke zerschneiden.

3. Die Zwiebel schälen und fein würfeln. Das Fett in einer Pfanne zerlassen und die Zwiebelwürfel darin glasig dünsten. Das Fleisch hinzufügen und unter Rühren braun anbraten.

4. Die Möhren und die Pilze zufügen und kurze Zeit mitschmoren lassen. Anschließend die Gemüsebrühe dazugießen, gut umrühren und alles zugedeckt 15–20 Minuten leicht köcheln lassen.

5. Das Ragout mit saurer Sahne, Petersilie und Kerbel verfeinern.

Bündner Bauernsuppe

▶ **KOHLENHYDRAT**

▶ **Zubereitungszeit: ca. 30 Minuten**
ca. 380 kcal pro Portion

▶ *Zutaten für 2 Personen*

300 g Kartoffeln
2 Zwiebeln
1 großes Bund Suppengrün
1¹/₂ EL Butter
Majoran, Thymian, Muskatnuss
80 g süße Sahne
500 ml vegetarische Gemüsebrühe
1 EL kaltgepresstes Sonnenblumenöl
1 TL Kräutersalz
40 g Bündner Fleisch

1. Die Kartoffeln waschen, schälen und in kleine Würfel schneiden. Die Zwiebeln schälen, 1 Zwiebel fein würfeln, die andere beiseite legen.

2. Sellerie, Möhren und Lauch putzen, waschen, trockentupfen und in kleine Stücke bzw. Ringe schneiden.

3. Die Butter in einem Topf zerlassen und das klein geschnittene Gemüse darin glasig dünsten. Die Kartoffeln hinzufügen und unter Rühren mit anbraten. Mit Majoran, Thymian und Muskat würzen. Mit der Sahne und der Brühe aufgießen und alles zugedeckt bei schwacher Hitze 15–18 Minuten garen.

4. Inzwischen die übrige Zwiebel in dünne Ringe schneiden und in dem Öl hellbraun braten. Die gebratenen Zwiebeln auf die Suppe geben.

5. Das Bündner Fleisch in sehr kleine Würfel schneiden, über die Suppe streuen und diese heiß servieren.

Französischer Salat mit Lamm

▶ EIWEISS

▶ **Zubereitungszeit: ca. 30 Minuten
ca. 800 kcal pro Portion**

▶ *Zutaten für 2 Personen*

*300 g Lammfilet
1–2 Knoblauchzehen
Meersalz
1 TL getr. Majoran
3 Wacholderbeeren
1/4 TL Cayennepfeffer
10 g ungehärtetes Kokosfett
200 g Salatgurke
1 kleiner Bund Rucola
1 kleiner Kopf Friséesalat
60 g Champignons
10 Kirschtomaten
1 Kästchen Kresse*

Für die Sauce:

*1 kleine Avocado
1 EL Zitronensaft
je 100 g Joghurt und saure Sahne
je 1 TL Kräutersalz und Curry
einige Tropfen Worcestershire-Sauce*

1. Das Fleisch kalt abspülen und trocken-tupfen. Den Knoblauch schälen und hacken. In einem Mörser das Salz mit Majoran, Wacholderbeeren, Cayenne-pfeffer und Knoblauch zerreiben und das Fleisch damit einreiben.

2. Das Kokosfett in einem Bräter erhitzen und das Fleisch darin 10–12 Minuten rund-herum braten. Anschließend in Alufolie gewickelt einige Minuten ruhen lassen.

3. Die Gurke schälen, in feine Scheiben hobeln, mit etwas Salz bestreuen und kurze Zeit ziehen lassen. Anschließend ausdrücken.

4. Rucola und Friséesalat putzen. Die Friséeblätter grob zerpflücken. Die Champignons putzen und feinblättrig aufschneiden. Die Tomaten waschen und halbieren.

5. Für die Sauce die Avocado schälen, den Stein entfernen und das Fruchtfleisch sofort mit Zitronensaft, Joghurt, saurer Sahne, 80 ml Wasser, Salz, Curry und Worcestershire-Sauce pürieren.

6. Die Sauce über den Salat geben. Das Fleisch in Scheiben schneiden und auf dem Salat anrichten. Den Salat mit den Kresseblättchen bestreut servieren.

> Rucola und Kresse verdanken ihren an-genehm scharfen Geschmack den Senf-ölen. Diese wirken im Magen-Darm-Trakt wie auch in den Harnwegen anti-mikrobiell und schüt-zen dadurch vor Infektionen.

Einfach ...

Bunte Würstchenspieße

▶ **EIWEISS**

▶ **Zubereitungszeit: ca. 30 Minuten**
ca. 540 kcal pro Portion

▶ *Zutaten für 2 Personen*

1 große Zwiebel
je 1 gelbe und grüne
Paprikaschote
8 Kirschtomaten
6 Geflügelwürstchen
2 EL Sojasauce
2 EL kaltgepresstes Olivenöl
50 ml frisch gepresster
Orangensaft
Meersalz
¹/₄ TL Cayennepfeffer

1. Die Zwiebel schälen und in Spalten schneiden. Die Paprikaschoten waschen und in mundgerechte Würfel schneiden. Den Backofengrill oder einen Holzkohlengrill vorheizen (175 °C).

2. Die Tomaten waschen, die Würstchen in dicke Scheiben schneiden. Die Gemüse- und Wurststücke abwechselnd mit den Kirschtomaten auf 2 Grillspieße stecken.

3. Die Sojasauce mit Öl und Orangensaft verrühren und mit Salz und Cayennepfeffer würzen. Die Spieße damit bestreichen und im vorgeheizten Backofen auf der mittleren Schiene oder auf dem Grill von allen Seiten 10 – 12 Minuten grillen. Die Spieße mit Sojasauce servieren.

Lammkoteletts mit Gemüse

▶ **EIWEISS**

▶ **Zubereitungszeit: ca. 35 Minuten**
ca. 690 kcal pro Portion

▶ *Zutaten für 2 Personen*

500 g grüne Bohnen
20 g Butter
1 TL gerebeltes Bohnenkraut
Meersalz
400 g Tomaten
1 Zwiebel
2 EL kaltgepresstes Sonnenblumenöl
4 Lammkoteletts à ca. 75 g
Kräutersalz
1 TL getrockneter Majoran
30 g ungehärtetes Kokosfett

1. Die Bohnen putzen, abfädeln und in ungefähr 3 cm lange Stücke schneiden. Die Butter in einem Topf zerlassen. Die Bohnen darin unter Rühren anbraten, mit Bohnenkraut und Salz würzen und zugedeckt bei schwacher Hitze 10 bis 12 Minuten garen. Bei Bedarf 2 – 3 Esslöffel Wasser hinzufügen.

2. Die Tomaten enthäuten, entkernen und in grobe Stücke schneiden. Die Zwiebel schälen, fein hacken und im Öl anbraten.

3. Die Tomatenwürfel hinzufügen, leicht salzen und unter Rühren andünsten. Die Bohnen zu den Tomaten geben und alles etwa 5 Minuten köcheln lassen.

4. Die Lammkoteletts abspülen, trockentupfen und mit Salz und Majoran von beiden Seiten würzen. Das Fett in einer Pfanne erhitzen und die Koteletts darin von jeder Seite etwa 4 Minuten braten.

Rinderrouladen mit Blattspinat

▶ **EIWEISS**

▶ **Zubereitungszeit: ca. 2 Stunden**
ca. 870 kcal pro Portion

▶ *Zutaten für 2 Personen*

Für die Rouladen:

1 große Gemüsezwiebel
2 Rinderrouladen
50 g roher Rinderschinken,
    dünn geschnitten
30 g ungehärtetes Kokosfett
350 ml Gemüsebrühe
10 g getr. Steinpilze
1 Lorbeerblatt
4 EL saure Sahne
3–4 Messlöffel Nestargel
    (Reformhaus)

Für den Spinat:

750 g frischer Spinat
1 kleine Zwiebel
1 Knoblauchzehe (nach Belieben)
2 EL kaltgepresstes Sonnenblumenöl
2 TL vegetarische Gemüsebrühe
5 EL süße Sahne

1. Die Gemüsezwiebel schälen und in Würfel schneiden. Die Rouladen kalt abspülen, trockentupfen und flach auf eine Arbeitsfläche legen. Einige Spinatblätter waschen, kurz blanchieren, trockentupfen und gleichmäßig auf das Fleisch verteilen. Den Schinken und einige der Zwiebelwürfel darauf geben. Die Rouladen möglichst fest zusammenrollen und mit Holzspießchen feststecken.

2. Das Fett in einem Bräter erhitzen und die Rouladen darin rundherum braun anbraten. Die restlichen Zwiebelwürfel dazugeben und mitbraten. Mit der Brühe aufgießen, Pilze und Lorbeerblatt dazugeben und das Ganze bei geschlossenen Deckel etwa 1 1/2 Stunden schmoren lassen.

3. Inzwischen den restlichen Spinat waschen und abtropfen lassen. Die Zwiebel und den Knoblauch schälen, fein würfeln und im Öl glasig dünsten. Spinat hinzufügen und unter Rühren zusammenfallen lassen. Das Gemüse mit der Gemüsebrühe abschmecken und mit der Sahne verfeinern. Nach Belieben den Spinat grob hacken.

4. Die Sauce mit der Sahne verfeinern und mit Nestargel binden (Packungsanweisung).

Für Schwangere und Stillende ist eine Extraportion Zink besonders wichtig, denn dieses Spurenelement wird von Ungeborenen und Säuglingen zur Zellbildung benötigt. Rindfleisch enthält viel vom Körper leicht aufzunehmendes Zink.

Putenrahmschnitzel mit Bohnensalat

Geflügelfleisch verleiht unseren Körperzellen „Flügel", denn es ist ein guter Lieferant für Niacin. Dieses Vitamin wird für den Aufbau von Enzymen benötigt, die für die Energiegewinnung in den Körperzellen zuständig sind.

▶ **EIWEISS**

▶ **Zubereitungszeit: ca. 35 Minuten**
ca. 650 kcal pro Portion

▶ *Zutaten für 2 Personen*

Für das Fleisch:

2 Putenschnitzel à ca. 150 g
Kräutersalz
¼ TL Cayennepfeffer
15 g ungehärtetes Kokosfett
100 g süße Sahne

Für den Salat:

600 g grüne Bohnen
etwas Meersalz
1 Zweig Bohnenkraut
175 g Sahnedickmilch
1 EL Balsamicoessig
1 EL kaltgepresstes
  Sonnenblumenöl
1 TL Kräutersalz
1 Zwiebel

1. Die Bohnen putzen, wenn nötig abfädeln, in etwa 3 cm lange Stücke schneiden und in wenig leicht gesalzenem Wasser zusammen mit dem Bohnenkraut in etwa 15 Minuten bissfest garen. Die Bohnen abgießen und abkühlen lassen.

2. Inzwischen für die Sauce die Sahnedickmilch mit Essig, Öl und Kräutersalz verrühren. Die Zwiebel schälen, sehr fein würfeln und in die Sauce geben. Die Salatsauce mit den abgekühlten Bohnen mischen.

3. Die Putenschnitzel abspülen, trockentupfen und mit dem Kräutersalz und dem Cayennepfeffer würzen.

4. Das Fett in einer Pfanne erhitzen und die Schnitzel darin auf beiden Seiten jeweils 4–5 Minuten braten. Sie anschließend an den Pfannenrand schieben. Dann den Bratensatz mit 100 ml Wasser und der Sahne loskochen und die Sauce mit etwas Salz nachwürzen.

5. Die Schnitzel auf 2 Tellern anrichten, mit der Rahmsauce begießen und zusammen mit dem Bohnensalat servieren.

Geschnetzeltes mit feinem Gemüse

▶ EIWEISS

▶ Zubereitungszeit: ca. 45 Minuten
ca. 520 kcal pro Portion

▶ *Zutaten für 2 Personen*

Für das Geschnetzelte:

1 Zwiebel
125 g Champignons
3 reife Tomaten
300 g Kalbfleisch zum Braten
1 EL Butter
250 ml vegetarische Gemüsebrühe
1 Msp. Cayennepfeffer
1/2 TL getr. Oregano
Kräutersalz
70 g saure Sahne

Für das Gemüse:

600 g Zuckerschoten
1 Bund Frühlingszwiebeln
1 EL Butter
250 ml vegetarische Gemüsebrühe
3 EL gehackte Petersilie

1. Die Zwiebel schälen und in feine Würfel schneiden. Die Champignons putzen und in Scheiben schneiden. Die Tomaten enthäuten, halbieren, entkernen und in kleine Würfel schneiden. Das Fleisch kalt abspülen, trockentupfen, zunächst in dünne Scheiben und dann in Streifen schneiden.

2. Die Butter in einer Pfanne zerlassen und die Zwiebelwürfel unter Wenden darin anbraten. Dann die Pilze zufügen und kurz mitdünsten lassen. Das Fleisch unter Rühren dazugeben und leicht braun anbraten. Die Brühe angießen und die Tomatenwürfel dazugeben. Das Ganze mit Cayennepfeffer, Oregano und Kräutersalz würzen und bei geringer Hitze etwa 20 Minuten köcheln lassen.

3. Die Zuckerschoten putzen. Die Frühlingszwiebeln putzen und sehr fein würfeln.

4. Die Butter in einem Topf zerlassen und die Zwiebeln darin andünsten. Die Zuckerschoten hinzufügen und kurz mitdünsten. Mit der Gemüsebrühe ablöschen und etwa 10 Minuten zugedeckt köcheln lassen. Das Geschnetzelte mit der Sahne verfeinern und mit der Petersilie garnieren.

Als Sportler sollten Sie öfter mal Zuckerschoten essen, denn die enthalten viel Vitamin B6. Dieses Vitamin sorgt für elastische Bindegewebsfasern und damit für dehnbare Sehnen und Bänder.

Hauptgerichte mit

Fisch und Meeresfrüchte sind auf dem Speiseplan unverzichtbar – nicht nur aus kulinarischer Sicht: Sie versorgen uns mit so viel Jod wie kein anderes Lebensmittel. Die fettreicheren Kaltwasserfische, beispielsweise der Lachs, liefern die lebensnotwendigen mehrfach ungesättigten Fettsäuren. Neben Suppen, Gerichten aus Topf, Pfanne und Backofen finden Sie in diesem Kapitel außerdem viele Fisch-Köstlichkeiten aus der kalten Küche – für die warme Jahreszeit und für alle, die mittags lieber etwas Kaltes genießen.

Garnelen in Knoblauchöl

▶ EIWEISS

▶ Zubereitungszeit: ca. 15 Minuten
ca. 290 kcal pro Portion

▶ *Zutaten für 2 Personen*

6 Knoblauchzehen
250 ml Olivenöl
etwas zerbröselter, getrockneter Chili
18 ausgelöste Garnelenschwänze
Meersalz
1 TL gehackte Petersilie

1. Den Knoblauch schälen und in Scheiben schneiden. Das Olivenöl in einer kleinen Pfanne sehr stark erhitzen. Die Knoblauchscheiben, den Chili und die geschälten Garnelen zugeben.

2. Alles leicht salzen und etwa 2–3 Minuten unter Rühren braten. Mit der gehackten Petersilie bestreut servieren.

Tipp: Essen Sie dazu der Länge nach aufgeschnittene Chicoréekolben, Salatherzen oder in Stücke geschnittenen Eisbergsalat. Den Salat leicht salzen und mit dem heißen Olivenöl beträufeln.

Gegrillte Lachsforelle mit Zucchinitatar

▶ EIWEISS

▶ Zubereitungszeit: ca. 50 Minuten
ca. 340 kcal pro Portion

▶ *Zutaten für 2 Personen*

Für den Fisch:

1 Lachsforelle
Meersalz
3 EL frische oder getr. gehackte
 Kräuter (Estragon, Rosmarin)
Fett für das Backblech
1 EL flüssige Butter
einige Zitronenscheiben

Für das Zucchinitatar:

600 g Zucchini
2 EL kaltgepresstes Olivenöl
1–2 Knoblauchzehen
Kräutersalz

1. Den Fisch kalt abspülen, trockentupfen, salzen und mit den gehackten Kräutern bestreuen. Den Backofengrill oder einen Holzkohlengrill vorheizen.

2. Anschließend den Fisch auf ein gefettetes Backblech legen, mit der Butter beträufeln und auf der mittleren Schiene im vorgeheizten Backofen oder auf dem Grill 25–30 Minuten backen.

3. Für das Gemüsetatar die Zucchini putzen, waschen und in ganz kleine Würfel schneiden. Das Öl in einer Pfanne erhitzen, die Zucchiniwürfel hinzufügen und unter Wenden scharf anbraten. Den Knoblauch durch eine Presse dazudrücken und mit dem Kräutersalz leicht würzen.

4. Den Fisch mit dem Zucchinitatar auf den Tellern anrichten und mit den Zitronenscheiben garnieren.

Fischröllchen mit Eisbergsalat

▶ **EIWEISS**

▶ **Zubereitungszeit: ca. 45 Minuten**
ca. 1070 kcal pro Portion

▶ *Zutaten für 2 Personen*

Für den Fisch:

4 küchenfertige Schollenfilets, ca. 400 g
1 EL Zitronensaft
1 kleines Bund Dill, fein gehackt
8 mittelgroße Scheiben Räucherlachs
8 gekochte Scampi
2 EL Butter
50 g Sahne
Kräutersalz

Für den Salat:

1 Eisbergsalat
1 kleine Zwiebel
1 EL kaltgepresstes Sonnenblumenöl
1 EL Zitronensaft
Kräutersalz
80 g saure Sahne
3 EL Schnittlauchröllchen

1. Die Schollenfilets kalt abspülen, trockentupfen und der Länge nach halbieren. Die Filets mit dem Zitronensaft beträufeln und mit der Hälfte des Dills bestreuen. Dann mit je 1 Scheibe Räucherlachs und 1 Scampi belegen, zusammenrollen und mit kleinen Holzspießen feststecken.

2. Die Butter bei schwacher Hitze in einer Pfanne zerlassen und die Schollenröllchen darin anbraten. 80 ml Wasser mit der Sahne, dem restlichen Dill und dem Kräutersalz verquirlen und in die Pfanne gießen. Zugedeckt bei mittlerer Hitze etwa 12 Minuten köcheln lassen.

3. Inzwischen den Eisbergsalat putzen, waschen, trockenschleudern und in mundgerechte Stücke zupfen. Den Salat in einer Schüssel anrichten.

4. Für die Salatsauce die Zwiebel schälen und fein hacken. Das Öl mit Zitronensaft, Kräutersalz und 100 ml Wasser verrühren und die Sahne mit einem Schneebesen darunter schlagen. Die Sauce über den angerichteten Salat gießen, vorsichtig unterheben und mit den Schnittlauchröllchen bestreuen.

5. Die Schollenfilets mit der Sauce auf den Tellern anrichten und zusammen mit dem Salat servieren.

Die im Dill enthaltenen ätherischen Öle wirken entspannend und krampflösend. Damit setzen sie die für Nerven- und Muskelanspannungen vergeudete Energie für andere Aktivitäten frei.

Fischspießchen mit Tomatensalat

Elastische und leistungsfähige Gefäße dank Tomaten: Sie enthalten das Carotinoid Lykopin, das die Bildung von LDL-Cholesterin und damit auch dessen Ablagerung an den Gefäßinnenwänden verhindern kann.

▶ **Eiweiss**

▶ **Zubereitungszeit: ca. 45 Minuten**
ca. 590 kcal pro Portion

▶ *Zutaten für 2 Personen*

Für die Spieße:
je 1 gelbe und grüne Paprikaschote
3 Zwiebeln
12 kleine Champignons
12 Kirschtomaten
400 g festfleischiger Fisch
   (z. B. Goldbarsch, Heilbutt, Seezunge)
2–3 EL Zitronensaft
4 EL kaltgepresstes Sonnenblumenöl
Kräutersalz
4 EL Sojasauce

Für den Salat:
600 g vollreife Tomaten
1 Zwiebel
1 EL Sonnenblumenöl
Meersalz
einige Blättchen Basilikum

1. Den Backofengrill oder einen Holzkohlengrill vorheizen. Für die Spieße die Paprikaschoten putzen, waschen, trockentupfen und in grobe Stücke schneiden. Die Zwiebeln schälen und vierteln. Die Champignons putzen, waschen, trockentupfen und die Stiele herausdrehen. Die Tomaten waschen und trockentupfen.

2. Den Fisch kalt abspülen, trockentupfen und in mundgerechte Würfel schneiden. Den Fisch und das Gemüse abwechselnd auf Grillspieße stecken und mit dem Zitronensaft beträufeln. Anschließend die Spieße rundherum mit Öl bestreichen und mit Salz bestreuen.

3. Die Spieße auf ein Stückchen Alufolie oder in eine Grillpfanne legen, 20 bis 25 Minuten im vorgeheizten Backofen oder auf dem Grill von allen Seiten grillen und zwischendurch mit der Sojasauce bestreichen.

4. Für den Salat die Tomaten waschen, trockentupfen und die Stielansätze herausschneiden. Die Tomaten in dünne Scheiben schneiden.

5. Die Zwiebel schälen, fein würfeln und mit den Tomaten mischen. Den Salat mit dem Öl beträufeln, salzen und mit den gehackten Basilikumblättchen bestreuen. Die Spieße zusammen mit dem Tomatensalat servieren.

Tipp: Damit der Fisch beim Wenden nicht zerfällt, können die Spieße auch einzeln in Alufolie gewickelt werden.

Fischgratin auf Spinatbett

▶ EIWEISS

▶ Zubereitungszeit: ca. 35 Minuten
Backzeit: ca. 25 Minuten
ca. 560 kcal pro Portion

▶ *Zutaten für 2 Personen*

*400 g Rotbarschfilet
oder ein anderes Fischfilet
1–2 EL Zitronensaft
Meersalz
500 g Blattspinat
400 g Tomaten
1 Zwiebel
1–2 Knoblauchzehen
1 1/2 EL kaltgepresstes
Sonnenblumenöl
Kräutersalz
1 TL getr. Oregano
80 g geriebener mittelalter
Gouda (45 % Fett i. Tr.)*

1. Den Fisch säubern, kalt abspülen, trockentupfen, in grobe Würfel schneiden, mit dem Zitronensaft beträufeln und leicht salzen.

2. Den Spinat putzen, gründlich waschen und kurz in kochendem Salzwasser blanchieren. Die Tomaten über Kreuz einritzen, überbrühen, mit kaltem Wasser abschrecken, enthäuten und entkernen. Das Fruchtfleisch in kleine Würfel schneiden.

3. Die Zwiebel und Knoblauch schälen und beides fein hacken. Das Öl in einer Pfanne erhitzen und die Zwiebel- und Knoblauchwürfel kurz anbraten. Den Fisch dazugeben und von allen Seiten einige Minuten scharf anbraten. Den Backofen auf 200 °C vorheizen (Umluft 180 °C, Gas Stufe 3).

4. Den blanchierten Spinat in eine ofenfeste Auflaufform geben und die Fischstücke mit der Zwiebel-Knoblauch-Mischung darauf verteilen. Das Ganze mit dem Kräutersalz und dem Oregano würzen und mit den gewürfelten Tomaten bedecken. Zum Schluss den geriebenen Käse darüber streuen und das Gratin auf der mittleren Schiene im vorgeheizten Backofen in etwa 20 – 25 Minuten goldgelb überbacken.

Spinat ist wie alle grünen Gemüse reich an Chlorophyll. Dieser Stoff wandelt in Pflanzen Sonnenlicht in Pflanzensubstanz um – und in unserem Körper macht er Krebs erregende Stoffe unschädlich.

Feiner Fischsalat

▶ **EIWEISS**

▶ **Zubereitungszeit: ca. 40 Minuten
ca. 680 kcal pro Portion**

▶ *Zutaten für 2 Personen*

Für den Salat:

*400 g Lachsfilet
2 EL Zitronensaft
Vollmeersalz
1 TL kaltgepresstes
   Sonnenblumenöl
500 g weißer Spargel
1 TL Butter
1 TL Frutilose
2 Kolben Chicorée
100 g Champignons
1 säuerlicher Apfel
1 EL Zitronensaft
100 g TK-Mais, aufgetaut
einige Dillfähnchen*

Für die Sauce:

*175 g Sahne - Dickmilch
5 EL Spargelbrühe
   (vom Kochen des Spargels)
80 ml frisch gepresster
   Orangensaft
Kräutersalz*

1. Die Fischfilets kalt abspülen, trockentupfen, mit dem Zitronensaft beträufeln und leicht salzen. Das Öl in einer Pfanne erhitzen und den Fisch bei mittlerer Hitze von jeder Seite 6 – 8 Minuten braten. Danach abkühlen lassen und in kleine Stücke teilen.

2. Inzwischen den Spargel schälen und die holzigen Endstücke abschneiden. In leicht gesalzenem Wasser zusammen mit der Butter und der Frutilose 18 – 20 Minuten bissfest kochen. Anschließend mit dem Schaumlöffel herausheben, abkühlen lassen und in kleine Stücke schneiden. Etwas Spargelbrühe aufbewahren.

3. Den Chicorée putzen, waschen, trockentupfen, am unteren Ende einen Keil herausschneiden. Die Kolben in dünne Streifen schneiden. Die Pilze putzen, kurz waschen, trockentupfen und in feine Scheiben schneiden.

4. Den Apfel waschen, trockentupfen, vierteln, das Kerngehäuse entfernen und die Früchte in kleine Würfel schneiden. Sofort mit dem Zitronensaft beträufeln. Den Spargel mit Chicorée, Pilzen und Apfelstücken mischen und den Mais hinzufügen.

5. Für die Sauce die Sahne-Dickmilch mit der Spargelbrühe und dem Orangensaft cremig aufschlagen und mit dem Kräutersalz würzen. Die Sauce über den Salat gießen und die Fischstückchen auf dem Salat verteilen. Mit den Dillfähnchen garnieren.

Seelachs mit Blumenkohlsalat

▶ **EIWEISS**

▶ **Zubereitungszeit: ca. 50 Minuten**
ca. 660 kcal pro Portion

▶ *Zutaten für 2 Personen*

500 g Seelachsfilet
etwas weiche Butter
2 EL Zitronensaft
Meersalz
2 EL gehackte Kräuter (Dill, Kerbel,
Petersilie, Schnittlauch)
1 Blumenkohl
125 ml Milch
Meersalz
1 kleine Zwiebel
1 EL kaltgepresstes Sonnen-
blumenöl
1 EL Obstessig
Kräutersalz
4 EL saure Sahne
1 TL Paprikapulver, edelsüß

1. Einen Grill vorheizen. Das Fischfilet kalt abspülen, trockentupfen, in 2 Portionen schneiden und auf 2 gefettete Stücke Alufolie legen. Mit Zitronensaft beträufeln und mit Meersalz salzen. Die Kräuter auf dem Fisch verteilen und die Folie gut verschließen. Auf dem Grill in 20 – 25 Minuten garen.

2. Den Blumenkohl waschen, putzen und in kleine Röschen teilen. In einem Topf $1/2$ l Wasser mit der Milch zum Kochen bringen, leicht salzen. Den Blumenkohl zugedeckt etwa 15 Minuten leicht köcheln lassen. Danach mit dem Schaumlöffel herausheben und abkühlen lassen.

3. Für die Sauce die Zwiebel schälen, fein würfeln und mit dem Öl, 100 ml Blumenkohlbrühe und dem Essig verrühren. Kräutersalz und Sahne unterrühren. Den Salat mit Paprikapulver bestäuben.

> Aktivieren Sie Ihre Energiereserven beim Sport – mit Blumenkohl! Dieses Gemüse enthält viel Vitamin B6. Dieses wird für die Bildung des Hormons Dopamin benötigt, das die Energiespeicher im Körper mobilisiert.

Für den Fisch:

400 g Lachsfilet
1 EL Zitronensaft
Meersalz
etwas Öl für die Folie

1. Für den Salat den Blumenkohl putzen, waschen und in kleine Röschen schneiden. In wenig leicht gesalzenem Wasser in etwa 12 Minuten bissfest garen. Anschließend mit dem Schaumlöffel herausnehmen und leicht abkühlen lassen.

2. Die Tomaten waschen, trockentupfen, von den Stielansätzen befreien und in kleine Würfel schneiden. Die Zwiebel schälen und fein würfeln. Die Champignons waschen, trockentupfen und in feine Scheiben schneiden. Die Radieschen putzen, waschen, trockentupfen und ebenfalls in feine Scheiben schneiden. Das Gemüse in einer Schüssel mischen. Den Backofen auf 180 °C (Umluft 160 °C, Gas Stufe 2) vorheizen.

3. Für die Sauce 100 ml Wasser mit Sahne, Öl und Zitronensaft kräftig verschlagen. Die Kräuter in die Sauce rühren und mit dem Salz mild würzen. Die Sauce über den Salat gießen und unterheben.

4. Das Lachsfilet kalt abspülen, trockentupfen, mit Zitronensaft beträufeln und leicht salzen. Dann den Fisch auf eine gefettete Alufolie legen und die Folie gut verschließen.

5. Den Fisch auf der mittleren Schiene im Backofen etwa 25 Minuten garen. Den gegarten Fisch aus der Folie nehmen, in 2 Portionen teilen und zusammen mit dem Salat servieren.

Folienlachs
mit Gemüsesalat

▶ EIWEISS

▶ Zubereitungszeit: ca. 45 Minuten
ca. 600 kcal pro Portion

▶ *Zutaten für 2 Personen*

Für den Salat:

1/2 kleiner Blumenkohl
Meersalz
2 Tomaten
1 Zwiebel
5 Champignons
1/2 Bund Radieschen
5 EL süße Sahne
2 TL kaltgepresstes
  Sonnenblumenöl
1 EL Zitronensaft
5 EL gehackte Kräuter
  (Kerbel, Petersilie, Dill)
Kräutersalz

Munter wie ein Fisch im Wasser dank Lachs: Er ist reich an Omega-3-Fettsäuren, die eine vermehrte Produktion von Serotonin bewirken. Dieses hochwirksame Anti-stress-Mittel hebt die Stimmung und verbessert die Konzentrationsfähigkeit.

Forelle im Kräuter-sud mit Chinakohl

▶ **EIWEISS**

▶ **Zubereitungszeit: ca. 40 Min.**
   ca. 540 kcal pro Portion

▶ *Zutaten für 2 Personen*

Für die Forellen:

1 Bund Suppengrün
1 Lorbeerblatt
Meersalz
1 EL Zitronensaft
5 Kräuterzweige (Dill,
   Pfefferminze, Thymian,
   Estragon, Petersilie)
2 kleine Forellen, küchenfertig
einige Petersilensträußchen

Für den Chinakohl:

1 Chinakohl, ca. 500 g
150 g Weintrauben
10 g Butter
Meersalz
60 g Mandelstifte
6 EL saure Sahne

1. Das Suppengrün putzen, waschen und in kleine Würfel schneiden. 1 1/2 Liter Wasser in einem breiten Topf aufkochen, das Gemüse und das Lorbeerblatt hinzufügen, salzen und mit dem Zitronensaft säuerlich abschmecken. Den Sud etwa 20 Minuten köcheln lassen. Anschließend die Kräuter hinzufügen.

2. Die Forellen kalt abspülen, trockentupfen und in den Kräutersud geben. Bei schwacher Hitze zugedeckt 15 – 20 Minuten gar ziehen lassen.

3. Inzwischen den Chinakohl putzen, vierteln und den Strunk herausschneiden. Den Kohl in sehr feine Streifen hobeln, waschen und trockentupfen. Die Weintrauben gründlich waschen, trockentupfen, halbieren und entkernen und mit den Kohlstreifen mischen.

4. Die Butter in einem Topf zerlassen, den Chinakohl und die Trauben hinzufügen. Unter Rühren leicht andünsten. Das Gemüse salzen und bei geringer Hitze im geschlossenen Topf zusammenfallen lassen. Die Mandelstifte darüber streuen und alles mit der Sahne verfeinern.

5. Die Forellen aus dem Sud herausnehmen, abtropfen lassen und zusammen mit dem Chinakohl servieren. Mit Petersilensträußchen garnieren.

Chinakohl sollte im Winter, wenn wenig Freilandgemüse auf den Tisch kommt, öfter auf dem Speiseplan stehen, denn: Der milde Kohl ist ein sehr guter Vitamin-C-Lieferant.

Gefüllte Schollenröllchen mit fruchtigem Salat

Die orangefarbene Mango bietet in zweierlei Hinsicht etwas fürs Auge: Sie setzt Farbakzente in der Küche und liefert Carotinoide, die Vorstufe des für die Sehfähigkeit wichtigen Vitamins A. Darüber hinaus erhält Vitamin A die Struktur der Hautoberflächen, einschließlich des Darms und der Bronchien.

▶ **E**IWEISS

▶ **Zubereitungszeit: ca. 45 Minuten**
ca. 1000 kcal pro Portion

▶ *Zutaten für 2 Personen*

Für die Schollenröllchen:

400 g küchenfertige Schollenfilets
1–2 EL Zitronensaft
Kräutersalz
2 Orangen
etwas Fett für die Form
50 g Sahne
150 ml frisch gepresster Orangensaft
1 EL abgeriebene Schale einer unbehandelten Orange

Für den Salat:

1 Eisbergsalat
1 rote Paprikaschote
1 kleine Mango
2 Kiwis
1 Stange Staudensellerie
1 1/2 El kaltgepresstes Sonnenblumenöl
1 EL Zitronensaft
50 ml frisch gepresster Orangensaft
1 TL Kräutersalz
80 g saure Sahne
4 EL gehackte glatte Petersilie

1. Die Schollenfilets der Länge nach halbieren, kalt abspülen, trockentupfen, mit dem Zitronensaft beträufeln und mit dem Kräutersalz mild würzen.

2. Die Orangen schälen, dabei die weiße Schale abschneiden. Die Fruchtfilets mit einem scharfen Messer aus den Trennhäutchen herausschneiden. Je 2 Filets in 1 Schollenfilet einrollen und mit Holzspießchen feststecken. Den Backofen auf 180 °C (Umluft: 160 °C, Gas: Stufe 2) vorheizen.

3. Die Schollenröllchen in eine leicht gefettete ofenfeste Form setzen. Die Sahne mit Orangensaft und -schale verquirlen und den Fisch damit übergießen. Im vorgeheizten Backofen auf der mittleren Schiene 30 – 35 Minuten garen.

4. Inzwischen den Eisbergsalat putzen, waschen, trockenschleudern und in mundgerechte Stücke zupfen. Die Paprikaschote putzen, waschen und in feine Streifen schneiden. Die Mango und Kiwis schälen und in nicht zu kleine Stücke schneiden. Den Salat in einer Schüssel anrichten.

5. Für die Sauce den Sellerie putzen, waschen, trockentupfen und sehr fein hacken. Das Öl mit Selleriestücken, Zitronen- und Orangensaft, Kräutersalz und 100 ml Wasser verrühren und die Sahne mit einem Schneebesen darunter schlagen. Die Sauce über den Salat gießen, unterheben und mit der Petersilie bestreuen.

6. Die Schollenfilets auf 2 Tellern anrichten, mit Sauce begießen und zusammen mit dem Salat servieren.

Sprossenpfanne mit Seeteufel

▶ **EIWEISS**

▶ **Zubereitungszeit: ca. 40 Minuten**
ca. 600 kcal pro Portion

▶ *Zutaten für 2 Personen*

Für das Gemüse:

400 g Lauch
300 g Möhren
150 g Sojasprossen
20 g Butter
1 1/2 TL vegetarische
  Gemüsebrühe
4 EL süße Sahne
2 EL Sojasauce

Für den Fisch:

400 g Seeteufel
2 EL Zitronensaft
2 EL kaltgepresstes
  Sonnenblumenöl
Meersalz
4 EL gehackte Petersilie

1. Den Lauch putzen und schräg in Ringe schneiden. Die Möhren in dünne Scheiben schneiden. Die Sojasprossen verlesen, abspülen und abtropfen lassen.

2. Die Butter in einem Topf zerlassen und den Lauch und die Möhren darin unter Rühren leicht anbraten. 200 ml Wasser angießen, mit der Brühe würzen und das Gemüse zugedeckt etwa 10 Minuten leicht köcheln lassen.

3. Den Fisch kalt abspülen, trockentupfen und in 2 cm dicke Scheiben schneiden. Mit dem Zitronensaft beträufeln. Das Öl in einer Pfanne erhitzen, den Fisch von allen Seiten etwa 3 Minuten braten und dann salzen.

4. Die Sojasprossen zum Gemüse geben, mit Sahne und Sojasauce abschmecken, mit Petersilie bestreuen.

> **Der Verzehr von Lauch kann den Einsatz von Medikamenten bei leichten Fällen von Diabetes überflüssig machen. Es ist erwiesen, dass er einen leicht erhöhten Blutzuckerspiegel senkt.**

Matjes mit Dillstippe und Bohnengemüse

▶ **KOHLENHYDRAT**

▶ **Zubereitungszeit: ca. 30 Minuten**
ca. 700 kcal pro Portion

▶ *Zutaten für 2 Personen*
500 g grüne Bohnen
250 g Kartoffeln
10 g Butter
1 Stängel frisches Bohnenkraut
1 TL vegetarische Gemüsebrühe
4 Matjesfilets
100 g Sahne-Dickmilch oder saure Sahne
Kräutersalz
1 kleines Bund Dill
1 TL Paprikapulver, edelsüß

1. Die Bohnen waschen und putzen. Wenn nötig abfädeln und dann in etwa 3 cm große Stücke schneiden.

2. Die Kartoffeln schälen, waschen und in kleine Würfel schneiden.

3. Die Butter in einem Topf zerlassen und die Bohnen und die Kartoffeln darin leicht anbraten. 125 ml Wasser dazugießen und alles mit dem Bohnenkraut und der Brühe würzen. Im geschlossenen Topf bei schwacher Hitze etwa 18 Minuten garen lassen.

4. Inzwischen den Matjes ganz kurz mit kaltem Wasser abspülen und trockentupfen. Die Dickmilch mit dem Schneebesen glatt rühren, das Salz und den Dill zufügen.

5. Das Bohnengemüse auf 2 Tellern anrichten und die Matjesfilets dazu legen. Je einen großen Klecks Dillstippe auf den Fisch geben und ihn mit dem Paprikapulver fein bestäuben.

Die Kombination von grünen Bohnen und Kartoffeln liefert reichlich Ballaststoffe. Diese aktivieren den Darm und tragen zu einer gesunden Darmflora bei.

Sahne-Matjes mit Rote-Bete-Salat

▶ **KOHLENHYDRAT**

▶ **Zubereitungszeit: ca. 45 Minuten**
Zeit zum Durchziehen: ca. 24 Stunden
ca. 840 kcal pro Portion

▶ *Zutaten für 2 Personen*

Für die Matjes:

4 Matjesheringe
1 rote Zwiebel
1 großer mürber Apfel
50 g Sahne
1 Lorbeerblatt
5 Wacholderbeeren
1 kleines Bund Dill, fein gehackt
100 g saure Sahne
400 g kleine Kartoffeln

Für den Salat:

3 gleich große Knollen Rote Bete
1 Zwiebel
1¹/₂ EL Obstessig
1 TL Frutilose
Meersalz
¹/₂ TL gem. Kümmel
3 EL gehackte Petersilie

1. Von den Matjesheringen die kleinen Gräten entfernen.

2. Die Zwiebel schälen und in dünne Ringe schneiden. Den Apfel schälen, vierteln, das Kerngehäuse herausschneiden und die Frucht in dünne Spalten schneiden.

3. Die Sahne mit 100 ml Wasser verrühren. Lorbeerblatt, Wacholderbeeren, Dill, Zwiebelringe und Apfelspalten hinzufügen. Die Matjesfilets zwischen die Apfelspalten und Zwiebelringe legen und alles etwa 24 Stunden zugedeckt im Kühlschrank ziehen lassen. Dann das Lorbeerblatt entfernen und die saure Sahne untermischen.

4. Für den Salat die Rote Bete waschen und in wenig Wasser etwa 20 Minuten leicht kochen lassen. Anschließend aus dem Wasser nehmen und abkühlen lassen.

5. Inzwischen die Kartoffeln bürsten und als Pellkartoffeln garen.

6. Die Rote Bete schälen und in feine Scheiben schneiden. Die Zwiebel schälen und fein würfeln.

7. Für die Sauce den Obstessig mit 100 ml Wasser verrühren, die Zwiebel hinzufügen, mit der Frutilose leicht süßen, salzen und alles mit der Roten Bete mischen. Den Kümmel unterrühren und das Gemüse mit der gehackten Petersilie bestreuen.

8. Den Sahne-Matjes zusammen mit den heißen Pellkartoffeln und dem Salat servieren.

Rote Bete bringt den Stoffwechsel durch eine doppelte Wirkungsweise auf Trab: Ihr sekundärer Pflanzenstoff Betain regt die Leber an. Dies beschleunigt sowohl die Aufnahme von Nährstoffen als auch die Ausscheidung von Abbauprodukten.

Harmonie ...

Norwegische Fischsuppe

> ► EIWEISS

> ► Zubereitungszeit: ca. 40 Minuten
> ca. 540 kcal pro Portion

> ► *Zutaten für 2 Personen*

> *3 kleine Schalotten*
> *2 Stangen Lauch*
> *1 Stück Knollensellerie, ca. 125 g*
> *2 große Möhren*
> *400 g Fischfilet (z. B. Steinbutt,*
>   *Heilbutt, Kabeljau, Seeaal)*
> *2 EL Butter*
> *1 TL getr. Thymian*
> *1 Lorbeerblatt*
> *5 Wacholderbeeren*
> *400 ml vegetarische Gemüsebrühe*
>   *(aus Instantpulver hergestellt)*
> *200 ml Milch*
> *1 Eigelb (M)*
> *3 EL Sahne*
> *3 EL gehackte Petersilie*

Nur Seefische und andere Meerstiere enthalten größere Mengen an Jod, ein Spurenelement, das für die stoffwechselregulierenden Schilddrüsenhormone benötigt wird. Jodmangel hat immer eine Einbuße an körperlicher und geistiger Aktivität zur Folge.

1. Die Schalotten schälen und fein hacken. Den Lauch putzen und in Ringe schneiden. Den Sellerie und die Möhren schälen und fein würfeln. Den Fisch kalt abspülen, trockentupfen und in mundgerechte Würfel schneiden.

2. Die Butter erhitzen und die Schalotten darin glasig dünsten. Nach und nach das restliche Gemüse hinzufügen und alles gut durchgaren lassen. Mit Thymian, Lorbeer und Wacholder würzen.

3. Den Fisch hinzufügen, mit der Brühe und der Milch aufgießen und alles etwa 10 Minuten leicht köcheln lassen.

4. Das Eigelb mit etwas heißer Suppe und der Sahne verrühren, die Suppe vom Herd ziehen und das Eigelb unterrühren. Die Suppe mit der Petersilie servieren.

Fisch im Salzteig mit Salbeimöhren

> ► EIWEISS

> ► Zubereitungszeit: 25 Minuten
> Backzeit: 30–40 Minuten
> ca. 650 kcal pro Portion

> ► *Zutaten für 2 Personen*

> *1 frischer Fisch mit Kopf und*
>   *Schwanzflosse, ca. 1 kg, z. B. Wolfs-*
>   *barsch, Goldbrasse, Seehecht oder*
>   *das Schwanzstück vom Seeteufel,*
>   *ersatzweise Heilbutt oder Steinbutt*
> *1,5 kg grobkörniges Meersalz*
> *6–8 Salatblätter*
> *800 g kleine Möhren*
> *20 g Butter*
> *Meersalz*
> *3 EL gehackte Salbeiblättchen*
> *4 EL heiße, flüssige Butter*

Salbei spendet Kraft durch Ruhe, denn er beruhigt das Nervensystem. Außerdem wirkt er verdauungsfördernd und krampflösend im Magen-Darm-Bereich.

1. Den Backofen auf 200 °C vorheizen. Den Fisch kalt abspülen und trockentupfen. Ein Backblech mit Backpapier auslegen und fingerdick mit Salz bestreuen.

2. Den Fisch in die Salatblätter einwickeln, auf das Salz legen und mit dem restlichen Salz gut bedecken. Eventuell mit ein paar Wassertropfen das Salz binden. Den Fisch 30 – 40 Minuten backen.

3. Die Möhren waschen, putzen und schälen. Die Butter zerlassen und die Möhren darin etwa 10 Minuten zugedeckt bissfest garen, leicht salzen und mit den Salbeiblättchen bestreuen.

4. Den Fisch vorsichtig aus der Salzkruste lösen, mit der flüssigen Butter beträufeln.

Schollenfilet mit pikantem Gemüse

► **EIWEISS**

► **Zubereitungszeit: ca. 35 Minuten
ca. 460 kcal pro Portion**

► *Zutaten für 2 Personen*

*400 g Schollenfilet
1–2 EL Zitronensaft
Meersalz
400 g Zucchini
400 g Tomaten
1 Zwiebel
1–2 Knoblauchzehen
1¹/₂ EL Olivenöl
Kräutersalz
1–2 TL Sambal Oelek
1 TL getr. Oregano
4 EL süße Sahne
10 g Butter
einige Zitronenscheiben
etwas Petersilie zum Garnieren*

1. Den Fisch kalt abspülen, trockentupfen, mit dem Zitronensaft beträufeln und leicht salzen.

2. Die Zucchini putzen, waschen, trockentupfen und in dünne Scheiben hobeln. Die Tomaten über Kreuz einritzen, überbrühen, mit kaltem Wasser abschrecken und enthäuten. Das Fruchtfleisch in kleine Würfel schneiden. Die Zwiebel und den Knoblauch schälen und fein hacken.

3. Das Öl in einer Pfanne erhitzen und die Zwiebel- und Knoblauchwürfel kurz andünsten. Das Gemüse hinzugeben und von allen Seiten einige Minuten scharf anbraten. Die gewürfelten Tomaten zufügen und alles mit Kräutersalz, Sambal Oelek und Oregano würzen. Zugedeckt bei geringer Hitze etwa 15 Minuten schmoren lassen. Zwischendurch umrühren und kurz vor Ende der Garzeit die Sahne unterrühren.

4. Inzwischen die Butter bei geringer Hitze in einer Pfanne zerlassen. Die Schollenfilets darin auf jeder Seite je 5 – 7 Minuten braten.

5. Das Gemüse auf 2 Tellern anrichten, den gebratenen Fisch darauf legen und alles mit den Zitronenscheiben und der Petersilie garnieren.

Die Scholle enthält hohe Mengen an hochwertigem Eiweiß. Dies ist wichtig für ein leistungsfähiges Nervensystem, für den Aufbau von Enzymen, Hormonen und Botenstoffen.

Desserts, Kuchen

Ob als krönender Abschluss eines Menüs oder als letzte Nascherei, die man sich am kalten Büfett gönnt – Desserts runden ein Essen erst perfekt ab und machen so richtig zufrieden. Die Rezepte dieses Kapitel zeigen, dass Süßes nicht nur köstlich schmecken, sondern auch zusätzliche Powerstoffe liefern kann, beispielsweise durch Obst, Milch- oder Vollkornprodukte und Nüsse. Neben Desserts mit Eis, Früchten und Cremes finden Sie hier auch fruchtiges, sahniges oder kerniges Gebäck.

Erdbeereis

Erdbeeren enthalten mehr Vitamin C als Zitronen und mehr Eisen als Rote Bete. Diese Kombination ist ideal, da der Körper Eisen zusammen mit Vitamin C sehr gut aufnehmen kann. Beide Stoffe stärken unser Immunsystem.

▶ **EIWEISS**

▶ **Zubereitungszeit: ca. 10 Minuten**
ca. 370 kcal pro Portion

▶ *Zutaten für 2 Personen*

350 g gefrostete Erdbeeren
3 EL Honig
80 g Vollmilchjoghurt
70 g geschlagene Sahne
2 Sahnetupfer
2 TL gehackte Mandeln

1. Die Erdbeeren leicht antauen lassen und zusammen mit dem Honig und dem Joghurt im Mixer pürieren. Anschließend die geschlagene Sahne unterziehen.

2. Das Erdbeereis auf 2 Eisbecher verteilen, mit den Sahnetupfern garnieren und mit den gehackten Mandeln bestreuen. Sofort servieren.

Feigen-Bananen-Joghurt

Bananen machen gute Laune! Ihre vielen Kohlenhydrate bewirken unter anderem, dass im Gehirn mehr vom „Glückshormon" Serotonin gebildet wird, das für starke Nerven und Unternehmungslust sorgt.

▶ **KOHLENHYDRAT**

▶ **Zubereitungszeit: ca. 10 Minuten**
ca. 240 kcal pro Portion

▶ *Zutaten für 2 Personen*

1 große Banane
4 frische Feigen
150 g Vollmilchjoghurt
3 EL Frutilose
1 TL abgeriebene Schale
    einer unbehandelter Zitrone
2 TL gehackte Pistazien

1. Die Banane und die Feigen schälen, in Scheiben schneiden und auf 2 Dessertellern anrichten.

2. Den Joghurt mit der Frutilose und der Zitronenschale cremig verrühren und über das aufgeschnittene Obst verteilen. Das Dessert mit den gehackten Pistazien bestreut servieren.

Eistraum „Karibik"

▶ **Eiweiss**

▶ **Zubereitungszeit: ca. 25 Minuten**
Gefrierzeit: ca. 2 Stunden
ca. 640 kcal pro Portion

▶ *Zutaten für 2 Personen*

180 ml frische Vollmilch
80 g Sahne
1 Vanilleschote
2 Eigelb
4 EL Ahornsirup
1 kleine, reife Mango
50 g Rosinen
4 EL weißer Rum
2 Tupfer geschlagene Sahne
eine frische Minzeblättchen

1. Die Milch zusammen mit 3 Esslöffeln Sahne in einen Topf geben. Die Vanilleschote längs aufschneiden, das Mark herausschaben und zusammen mit der leeren Schote in die Sahnemilch geben. Die Flüssigkeit aufkochen lassen, den Topf vom Herd nehmen und die Milch ziehen lassen.

2. Inzwischen die Eigelbe mit dem Ahornsirup cremig aufschlagen und die heiße Milch langsam mit einem Holzlöffel unterrühren. Anschließend alles abkühlen lassen und die Vanilleschote entfernen.

3. Die restliche Sahne steif schlagen und unter die abgekühlte Masse ziehen. Die Creme in eine Eismaschine oder in eine Gefrierschale füllen und unter Rühren gefrieren lassen.

4. Die Mango schälen, das Mangofleisch vom Kern abschneiden und fein würfeln. Die Rosinen mit kochendem Wasser kurz überbrühen, mit Küchenkrepp trockentupfen und im weißen Rum einlegen.

5. Das Vanilleeis auf 2 Eisbecher verteilen und die Mangowürfel und die Rosinen darauf anrichten. Mit den Sahnetupfern und den Minzeblättchen garnieren.

Vanille fördert die Funktion aller unserer Verdauungs-, Entgiftungs- und Unterleibsorgane – daher ist sie in der Karibik auch als Aphrodisiakum bekannt. Ein kühles Eis kann also durchaus für eine heiße Nacht sorgen ...

Grünes Dessert mit Wodka-Creme

▶ **Eiweiss**

▶ Zubereitungszeit: ca. 15 Minuten
ca. 540 kcal pro Portion

▶ *Zutaten für 2 Personen*

Für das Obst:

*3 Kiwis
200 g grüne Trauben
einige Tropfen Wodka*

Für die Creme:

*1 TL Zitronensaft
2 EL Wodka
150 g Doppelrahm-Frischkäse
4 EL Ahornsirup
3 TL gehackte Pistazien
einige Minzeblättchen*

1. Die Kiwis schälen, die Früchte mit einem scharfen Messer in dünne Scheiben schneiden und auf 2 Dessert-tellern anrichten. Die Trauben waschen, trockentupfen, halbieren, entkernen und zu den Kiwis geben. Das Obst mit einigen Tropfen Wodka beträufeln und kalt stellen.

2. Den Zitronensaft mit dem Wodka und dem Frischkäse verrühren. Mit dem Ahornsirup leicht süßen und die Käse-creme auf das Obst geben. Das Dessert mit den gehackten Pistazien bestreuen und mit den Minzeblättchen garniert servieren.

Trauben enthalten einen Stoff, der den im menschlichen Körper produzierten Östrogenen ähnelt. Er bewahrt die Zellen vor einer Schädigung durch aggressive Substanzen.

Heidelbeer-Sahne-Sorbet

▶ **NEUTRAL**

▶ **Zubereitungszeit: ca. 15 Minuten**
Gefrierzeit: ca. 2 Stunden
ca. 300 kcal pro Portion

▶ *Zutaten für 2 Personen*

150 g frische oder tiefgekühlte
Heidelbeeren
100 g Sahne
80 g Vollmilchjoghurt
2 EL Ahornsirup
einige frische Minzeblättchen

1. Die Heidelbeeren waschen, trocken-tupfen und einige Früchte beiseite legen. Die restlichen Heidelbeeren mit dem Schneidstab pürieren.

2. Die Sahne steif schlagen, mit dem Joghurt mischen und unter das Püree heben. Mit dem Ahornsirup süßen.

3. Die Heidelbeercreme in eine Metall-schüssel geben und im Gefrierfach etwa 2 Stunden anfrosten lassen. Zwischen-durch umrühren, damit sich keine Kristalle bilden.

4. Das Sorbet in 2 Eisbecher verteilen und mit den restlichen Heidelbeeren und den Minzeblättchen garnieren.

Heidelbeeren fördern mit ihren Gerbstoffen die Entgiftung des Körpers und sorgen für mehr Wohlbefinden.

Melonenschiffchen

Joghurt stärkt den Darm – allerdings nur Joghurt mit lebenden Milchsäurebakterien (probiotischer Joghurt). Und der kann noch mehr: Bei regelmäßigem Verzehr stimuliert und stärkt er das Immunsystem.

► **EIWEISS**

► **Zubereitungszeit: ca. 15 Minuten**
ca. 180 kcal pro Portion

► *Zutaten für 2 Personen*

250 g Beeren der Saison (Erdbeeren,
*   Himbeeren, Johannisbeeren)*
2 breite Spalten Netzmelone
2 Mandarinen
1 EL Zitronensaft
2 EL Frutilose
150 g Vollmilchjoghurt
einige Minzeblättchen

1. Die Beeren waschen, trockentupfen und auf 2 Dessertteller verteilen. Die Melonenspalten entkernen, schälen und auf die Beeren setzen. Die Mandarinen schälen, die einzelnen Spalten auf Holzspießchen stecken und als Segel auf die Melonen setzen.

2. Den Zitronensaft mit der Frutilose und dem Joghurt verrühren und über die Früchte gießen. Das Dessert mit den Minzeblättchen garnieren.

Bananeneis mit gerösteten Mandeln

Mandeln enthalten viel Vitamin E, eines der stärksten natürlichen Antioxidantien. Vitamin E macht im Körper aggressive freie Radikale unschädlich. Diese sind ein Mitverursacher von Herz-Kreislauf-Erkankungen.

► **KOHLENHYDRAT**

► **Zubereitungszeit: ca. 10 Minuten**
Gefrierzeit: ca. 3 Stunden
ca. 320 kcal pro Portion

► *Zutaten für 2 Personen*

2 vollreife Bananen
3 EL gehobelte Mandelblättchen
100 g Sahnedickmilch, gut gekühlt
2 EL Ahornsirup

1. Die Bananen schälen und im Gefrierfach für etwa 3 Stunden frosten.

2. Inzwischen die Mandelblättchen in einer beschichteten Pfanne ohne Fett hellbraun rösten.

3. Die gefrorenen Bananen in Stücke schneiden und zusammen mit der Sahnedickmilch und dem Ahornsirup im Mixer pürieren.

4. Das Bananeneis auf 2 Eisbecher verteilen, mit den gerösteten Mandeln bestreuen und sofort servieren.

Tipp: Statt der Sahnedickmilch können Sie auch 50 g saure Sahne verwenden, die Sie mit 50 g Vollmilchjoghurt verrühren.

Haselnuss-Schnitten

▶ KOHLENHYDRAT

▶ **Zubereitungszeit: ca. 50 Minuten**
Backzeit: ca. 15 Minuten
ca. 130 kcal pro Stück

▶ *Für 42 Stück*

Für den Teig:

160 g flüssige Butter
Meersalz
3 Eigelb
4 EL Honig
6 EL Sahne
5 EL Mineralwasser
1/2 Päckchen Weinstein-Backpulver
360 g feines Weizenvoll-
    kornmehl
etwas Butter für das Blech

Für den Belag:

100 g Butter
5 EL Sahne
150 g Honig
200 g gehackte
    Haselnusskerne

1. Die flüssige Butter mit Salz, Eigelben und Honig schaumig aufschlagen. Die Sahne und das Wasser unterrühren. Das Backpulver mit dem Mehl mischen, nach und nach zum Teig geben und gründlich unterrühren.

2. Den Teig auf ein gefettetes Backblech geben und ihn mit nassen Händen glatt ausstreichen. Den Backofen auf 175 °C (Umluft: 155 °C , Gas Stufe 2) vorheizen.

3. Für den Belag die Butter in einem Topf zerlassen, Sahne, Honig und Haselnüsse hinzufügen. Alles unter Rühren kurz aufkochen lassen und die Masse sofort auf den Teig verteilen.

4. Das Ganze im vorgeheizten Backofen auf der mittleren Einschubleiste etwa 15 Minuten backen. Dann aus dem Ofen nehmen, abkühlen lassen und in etwa 42 kleine Rechtecke schneiden.

Das in Haselnüssen enthaltene Lezithin ist für den Aufbau des Nervenbotenstoffs Acetylcholin nötig, der Voraussetzung für die Denk- und Konzentrationsfähigkeit ist.

Gewürztaler

▶ KOHLENHYDRAT

▶ Zubereitungszeit: ca. 30 Minuten
Kühlzeit: ca. 1 Stunde
Backzeit: 10 – 12 Minuten
ca. 50 kcal pro Stück

▶ Für 30 Stück

2 TL Weinstein-Backpulver
150 g feines Dinkel- oder
    Weizenvollkornmehl
3 Eigelb
1 Msp. Meersalz
75 g Honig
1 Msp. gemahlene Nelken
1 TL gemahlener Zimt
1/2 TL Kardamompulver
1 Msp. Piment
70 g kalte Butter (+Butter fürs Blech)
2 EL Sahne

1. Das Backpulver mit dem Mehl mischen, auf eine Arbeitsfläche häufen und eine Mulde hineindrücken. 2 Eigelbe, Salz, Honig, Gewürze und die kalte Butter in die Mitte setzen und alles rasch zu einem geschmeidigen Teig verkneten. Den Teig zu einer Rolle von 5 cm Durchmesser formen, in Frischhaltefolie wickeln und 1 Stunde im Kühlschrank ruhen lassen.

2. Den Backofen auf 160 °C (Umluft: 140 °C , Gas Stufe 1–2) vorheizen. Die Teigrolle in dünne Scheiben schneiden.

3. Diese auf ein gefettetes Backblech legen. Das restliche Eigelb mit der Sahne verquirlen und die Plätzchen damit bestreichen. Das Gebäck in 10 – 12 Minuten goldbraun backen.

Kleine Partybrötchen

▶ KOHLENHYDRAT

▶ Zubereitungszeit: ca. 1 Stunde
Backzeit: ca. 15 Minuten
ca. 100 kcal pro Stück

▶ Für 15 Stück
Für den Teig:

125 g Quark (20 % Fett i. Tr.)
2 Eigelb
90 g feines Dinkelvollkornmehl
50 g fein gemahlenen Hirse
Meersalz
1 TL gerebelter Majoran
etwas Butter für das Blech
1 EL süße Sahne
1 EL Mohn

Für den Belag:

150 g Doppelrahm-Frischkäse
100 g gebeizter Lachs
1/2 kleines Bund Dill, gehackt

1. Den Quark mit einem Eigelb verrühren. Nach und nach das Mehl und die Hirse hinzufügen, alles zu einem geschmeidigen Teig verrühren und mit Salz und Majoran würzen. Den Backofen auf 175 °C (Um-luft: 155 °C , Gas Stufe 2) vorheizen.

2. Aus dem Teig etwa 15 kleine Kugeln formen, diese leicht flach drücken und auf ein gefettetes Backblech setzen.

3. Das restliche Eigelb mit der Sahne verquirlen. Die Brötchen damit bestrei-chen, mit dem Mohn bestreuen und auf der mittleren Schiene etwa 15 Minuten backen.

4. Die Brötchen auskühlen lassen, halbie-ren, mit dem Frischkäse bestreichen, mit Lachs und Dill belegen und dann wieder zusammensetzen.

Streuselkuchen

▶ **KOHLENHYDRAT**

▶ Zubereitungszeit: ca. 45 Minuten
Zeit zum Gehen: ca. 40 Minuten
Backzeit: ca. 35 Minuten
ca. 240 kcal pro Stück

▶ *Für 12 Stück*

Für den Teig:

25 g frische Hefe
130 ml warmes Wasser
250 g feines Dinkel- oder
Weizenvollkornmehl
40 g zerlassene Butter
1 EL Honig
1 Msp. Meersalz
Butter für die Form
2 EL geschlagene Sahne

Für die Streusel:

200 g feines Dinkelvollkornmehl
100 g kalte Butter
100 g fester Honig

1. Die Hefe in dem warmen Wasser auflösen und zusammen mit der Hälfte des Vollkornmehls zu einem glatten Vorteig verrühren. Diesen etwa 20 Minuten an einem warmen Ort zugedeckt gehen lassen.

2. Anschließend das restliche Mehl, 2 Esslöffel der zerlassenen, lauwarmen Butter, den Honig und das Salz hinzufügen und alles zu einem geschmeidigen Teig verkneten.

3. Eine Springform (etwa 26 cm Durchmesser) ausfetten, den Teig gleichmäßig auf dem Boden verteilen und ihn abgedeckt nochmals so lange an einem warmen Ort gehen lassen, bis sich sein Volumen etwa verdoppelt hat.

4. Für die Streusel das Vollkornmehl zusammen mit der Butter und dem Honig krümelig verkneten.

5. Den Hefeteig mit der restlichen flüssigen Butter bestreichen und die Streusel gleichmäßig darauf verteilen. Die Form auf die mittlere Schiene in den kalten Backofen stellen, die Temperatur auf 175 °C (Umluft: 155 °C , Gas Stufe 2) einstellen und den Kuchen nach Erreichen der Temperatur noch 25 Minuten backen. Dann kurze Zeit in der Form auskühlen lassen, aus der Form lösen und auf ein Kuchengitter setzen. Den abgekühlten Kuchen mit etwas geschlagener Sahne servieren.

Dieser Kuchen ist die ideale Stärkung am Nachmittag und hilft, die Müdigkeit zu überwinden: Er enthält nur wenig Fett, dafür umso mehr komplexe Kohlenhydrate, die für viele Stunden Energie spenden.

Süßes Kuchenbrot

▶ **KOHLENHYDRAT**

▶ **Zubereitungszeit: ca. 1 Stunde**
Backzeit: ca. 50 Minuten
Ruhezeit: ca. 40 Minuten
ca. 430 kcal pro Stück

▶ *Für 10 Scheiben*

100 g Sahne
300 ml lauwarmes Wasser
60 g frische Hefe
2 EL Honig
700 g feines Dinkelvollkornmehl
100 g weiche Butter
1/2 TL Meersalz
1 TL gemahlener Anis
200 g Rosinen
Butter für die Form
1 Eigelb
1 EL Sahne
50 g Mandelblättchen

1. Die Sahne mit dem lauwarmen Wasser verquirlen. Die Hefe darin auflösen und mit 1 TL Honig süßen. Die Hälfte des Mehls hinzufügen und alles zu einem geschmeidigen Vorteig verrühren. Diesen etwa 20 Minuten an einem warmen Ort zugedeckt gehen lassen.

2. Anschließend das restliche Mehl, Honig, Butter, Salz, Anis und die Rosinen hinzufügen und alles gut miteinander verkneten.

3. Eine Kastenform (etwa 26 cm Länge) mit Butter gut ausfetten und den Teig hineingeben. Den Teig nochmals an einem warmen Ort zugedeckt gehen lassen, bis sich sein Volumen verdoppelt hat. Den Backofen auf 225 °C (Umluft 230 °C, Gas Stufe 5) vorheizen.

4. Das Eigelb mit der Sahne verquirlen, das Kuchenbrot damit bestreichen und mit den Mandelblättchen bestreuen. Das Brot auf der mittleren Schiene in den Backofen schieben und ein ofenfestes Gefäß mit heißem Wasser in den Ofen stellen. Das Brot im Wasserdampf etwa 30 Minuten backen, danach das Gefäß herausnehmen und das Kuchenbrot weitere 20 Minuten bei 200 °C (Umluft 180 °C, Gas Stufe 3) backen.

5. Anschließend das Gebäck in der Form leicht auskühlen lassen und danach auf ein Kuchengitter geben.

Tipp: Das Kuchenbrot schmeckt besonders gut mit Butter und Honig bestrichen.

Heidelbeer-Sahne-Torte

▶ KOHLENHYDRAT

▶ Zubereitungszeit: ca. 30 Minuten
Backzeit: 10–12 Minuten
Kühlzeit: ca. 2 Stunden
ca. 330 kcal pro Stück

▶ *Für 12 Stück*

Für den Teig:

80 g weiche Butter
Meersalz
2 Eigelb
2 EL Honig
3 EL süße Sahne
2 EL Mineralwasser
2 TL Weinstein-Backpulver
150 g feines Dinkelvollkornmehl
etwas Butter für die Form

Für den Belag:

300 g frische oder gefrostete Heidelbeeren
1 1/2 EL Honig
6 Blatt weiße Gelatine
300 g Sahne
400 g Quark (40 % Fett i. Tr.)
6 EL Ahornsirup
3 EL gehackte Pistazien

1. Den Backofen auf 175 °C (Umluft: 155 °C, Gas Stufe 2) vorheizen. Die Butter mit dem Salz, den Eigelben und dem Honig schaumig aufschlagen. Die Sahne und das Mineralwasser unterrühren. Das Backpulver mit dem Mehl vermischen, nach und nach zum Teig geben und alles gründlich miteinander verrühren.

2. Den Teig in eine ausgefettete Springform (etwa 26 cm Durchmesser) geben. Ihn dann auf der mittleren Schiene im vorgeheizten Backofen 10–12 Minuten backen. Anschließend den Teig vom Blech lösen, aber in der Form auskühlen lassen.

3. Für den Belag die Heidelbeeren verlesen und kurz waschen. Einige Heidelbeeren für die Garnitur beiseite legen. Die restlichen Beeren mit wenig Wasser und dem Honig aufkochen und sofort von der Kochstelle nehmen. Die Heidelbeeren mit dem Schaumlöffel aus dem Sud nehmen und abkühlen lassen.

4. Die Gelatine in kaltem Wasser etwa 10 Minuten quellen lassen. Inzwischen die Sahne steif schlagen, einige Esslöffel davon beiseite stellen. Die restliche Sahne mit dem Quark und dem Ahornsirup verrühren. Die Gelatine aus dem Wasser nehmen, ausdrücken und in einem kleinen Kochtopf bei milder Hitze unter Rühren auflösen. Die flüssige Gelatine langsam unter die Sahne-Quark-Creme ziehen und die Hälfte der Creme auf dem ausgekühlten Teig verteilen.

5. Die abgetropften Heidelbeeren gleichmäßig auf die Creme geben und die restliche Creme darüber streichen. Den Kuchen mit Sahnetupfern, den gehackten Pistazien und den restlichen Heidelbeeren garnieren. Für etwa 2 Stunden kalt stellen.

Tipp: Gefrostete Heidelbeeren sollten Sie nicht aufkochen, sondern nur mit etwas Ahornsirup süßen.

Der Farbstoff Myrtillin verleiht nicht nur den Heidelbeeren ihre kräftigen blau-rote Farbe, er sorgt auch dafür, dass unsere Blutgefäße elastisch bleiben. Damit schützt er vor hohem Blutdruck und beugt Herz-Kreislauf-Erkrankungen vor.

Wochenplan 1

Trennkost für jeden Tag ...

	Montag	Dienstag	Mittwoch
Frühstück	▶ EIWEISS frisches Obst der Saison [1]	▶ KOHLENHYDRAT Apfel-Nuss-Sandwich (Seite 36)	▶ EIWEISS 6 Mandarinen oder andere Früchte der Saison [1]
1. Zwischenmahlzeit	▶ NEUTRAL ¹/₂ l Buttermilch	▶ NEUTRAL 4–5 Möhren oder andere Rohkost wie Paprika, Kohlrabi, Gurke, Keimlinge	▶ EIWEISS 2 große Äpfel
Mittagessen	▶ KOHLENHYDRAT Entschlackungssuppe (Seite 24)	▶ EIWEISS Hähnchenkeule mit Gemüse (Seite 77)	▶ KOHLENHYDRAT Paprikaquark mit Brötchen (Seite 31)
2. Zwischenmahlzeit	▶ KOHLENHYDRAT 2 große Bananen	▶ NEUTRAL 400 g Naturjoghurt mit 2 EL Ahornsirup und 4 EL Rosinen vermischen	▶ KOHLENHYDRAT Feigenmüsli (Seite 37)
Abendessen	▶ KOHLENHYDRAT Entschlackungssuppe (Seite 24)	▶ KOHLENHYDRAT 4 Vollkornbrötchen mit Butter bestreichen und mit 600 g Sauerkraut belegen	▶ KOHLENHYDRAT Bunter Kartoffelsalat (Seite 62) Achtung: doppelte Menge Kartoffeln zubereiten

1) Bananen, Datteln, Feigen und süße Äpfel gehören in die Gruppe der Kohlenhydrate und dürfen nicht mit anderen Obstsorten kombiniert werden.

... unkompliziert und voller Genuss

Donnerstag	Freitag	Samstag	Sonntag
▶ KOHLENHYDRAT Süßes Früchtemüsli (Seite 38)	▶ EIWEISS 1 Ananas	▶ KOHLENHYDRAT 2 Vollkornbrötchen mit Butter und 100 g Camembert 60 % Fett i. Tr.	▶ EIWEISS Rührei mit Tomaten (Seite 39)
▶ NEUTRAL 150 g Heidelbeeren mit 2 TL Honig und 400 ml Buttermilch pürieren	▶ KOHLENHYDRAT Radieschen-Knäckebrot (Seite 39)	▶ EIWEISS 2 Gläser frisch gepresster Orangensaft	▶ NEUTRAL 2 große Möhren mit 2 TL Honig und 400 ml Kefir im Mixer pürieren
▶ EIWEISS 4 gekochte Eier dazu je 2 rote und gelbe Paprikaschoten	▶ EIWEISS Folienlachs mit Gemüsesalat (Seite 98)	▶ KOHLENHYDRAT Pariser Kartoffelsuppe (Seite 48)	▶ EIWEISS Putenrahmschnitzel mit Bohnensalat (Seite 88)
▶ KOHLENHYDRAT 4 Scheiben Vollkorn- brot dünn mit Butter und Honig bestreichen	▶ KOHLENHYDRAT Bananenshake (Seite 45)	▶ KOHLENHYDRAT 2 Stück Streuselkuchen (Seite 115)	▶ KOHLENHYDRAT 2 Stück Streuselkuchen (Seite 115)
▶ KOHLENHYDRAT Röstkartoffeln mit Butterbohnen (Seite 69) Restliche Kartoffeln vom Vortag nehmen	▶ NEUTRAL Warmer Ziegenkäse auf Gemüsesalat (Seite 53)	▶ KOHLENHYDRAT Gemüsepizza (Seite 65)	▶ KOHLENHYDRAT Mozzarella-Brötchen (Seite 30)

Wochenplan 2

Schnell und flexibel ...

	Montag	Dienstag	Mittwoch
Frühstück	▶ EIWEISS 500 g frische Erdbeeren oder andere Früchte nach Saison [1]	▶ KOHLENHYDRAT 2 Scheiben Vollkornbrot mit wenig Butter und 4 TL Honig	▶ EIWEISS 2 Äpfel und 4 Möhren raspeln, mit Zitronensaft und 2 TL Honig vermischen
1. Zwischenmahlzeit	▶ NEUTRAL 2 rohe Kohlrabi	▶ EIWEISS 4 Kiwis	▶ NEUTRAL 300 g Naturjoghurt
Mittagessen	▶ EIWEISS Schlemmersalat (Seite 55)	▶ EIWEISS Garnelensalat mit Avocadosauce (Seite 52)	▶ EIWEISS 1 gegrilltes Hähnchen dazu 4 rote oder gelbe Paprikaschoten
2. Zwischenmahlzeit	▶ KOHLENHYDRAT 2 Müsliriegel	▶ NEUTRAL Studentenfutter aus 4 EL Rosinen, 2 EL Sonnenblumenkernen und 10 Mandeln	▶ KOHLENHYDRAT 2 mürbe Äpfel
Abendessen	▶ KOHLENHYDRAT Saftige Schinkenbrötchen (Seite 42)	▶ KOHLENHYDRAT Lauchcremesuppe mit Champignons (Seite 48)	▶ KOHLENHYDRAT Reissalat (Seite 60)

[1] Bananen, Datteln, Feigen und süße Äpfel gehören in die Gruppe der Kohlenhydrate und dürfen nicht mit anderen Obstsorten kombiniert werden.

... der Wochenplan für Eilige

Donnerstag	Freitag	Samstag	Sonntag
▶ **KOHLENHYDRAT**	▶ **KOHLENHYDRAT**	▶ **KOHLENHYDRAT**	▶ **KOHLENHYDRAT**
2 Scheiben Vollkornbrot mit Butter und 80 g Camembert 60 % Fett i. Tr.	4 EL Haferflocken mit 300 g Joghurt und 3 TL Honig	300 g Hüttenkäse auf 4 Scheiben Vollkornknäckebrot	2 Vollkornbrötchen mit Butter und 100 g rohem Rinderschinken
▶ **EIWEISS**	▶ **NEUTRAL**	▶ **EIWEISS**	▶ **EIWEISS**
1 Netzmelone	2 Paprikaschoten	2 Grapefruit	2 Orangen oder anderes Obst der Saison [1]
▶ **KOHLENHYDRAT**	▶ **EIWEISS**	▶ **EIWEISS**	▶ **EIWEISS**
2 Becher Hüttenkäse à 200 g, 2 Vollkornbrötchen und 2 geschälte Salatgurken	Feiner Fischsalat (Seite 96)	Gemüsesuppe mit pochierten Eiern (Seite 51)	Geschnetzeltes mit feinem Gemüse (Seite 89)
▶ **KOHLENHYDRAT**	▶ **NEUTRAL**	▶ **NEUTRAL**	▶ **KOHLENHYDRAT**
4 Scheiben Vollkornknäckebrot mit Butter und Tomatenscheiben	2 kleine Avocados	400 ml Kefir mit 100 g Heidelbeeren und 2 EL Ahornsirup pürieren	2 Bananen mit 4 EL Schlagsahne
▶ **KOHLENHYDRAT**	▶ **EIWEISS**	▶ **EIWEISS**	▶ **KOHLENHYDRAT**
Kartoffeln in Sahnesauce mit Blattspinat (Seite 67)	Garnelen in Knoblauchöl (Seite 92)	Bunte Würstchenspieße (Seite 86)	Apfel-Nuss-Sandwich (Seite 36)

Wochenplan 3

Mit Liebe gekocht ...

	Montag	Dienstag	Mittwoch
Frühstück	▶ KOHLENHYDRAT Knusperjoghurt (Seite 30)	▶ KOHLENHYDRAT Süßer Reis mit Rosinen (Seite 35)	▶ EIWEISS 2 Birnen oder anderes Obst nach Saison [1]
1. Zwischenmahlzeit	▶ EIWEISS 2 Mangos oder anderes Obst nach Saison [1]	▶ EIWEISS 2 große Orangen	▶ KOHLENHYDRAT Bananenshake (Seite 45)
Mittagessen	▶ EIWEISS Französischer Salat mit Lamm (Seite 85)	▶ KOHLENHYDRAT Sahne-Matjes mit Rote-Bete-Salat (Seite 103)	▶ EIWEISS Gemüseplatte mit Rührei (Seite 57)
2. Zwischenmahlzeit	▶ KOHLENHYDRAT Vollkornbrot mit Schnittlauchquark (Seite 40)	▶ KOHLENHYDRAT Bananenjoghurt mit Keimlingen (Seite 34)	▶ KOHLENHYDRAT Feigenmüsli (Seite 37)
Abendessen	▶ NEUTRAL Gurkensuppe mit Kräutern (Seite 51)	▶ EIWEISS Griechischer Bauernsalat (Seite 73)	▶ NEUTRAL Warmer Ziegen- käse auf Gemüsesalat (Seite 53)

1) Bananen, Datteln, Feigen und süße Äpfel gehören in die Gruppe der Kohlenhydrate und dürfen nicht mit anderen Obstsorten kombiniert werden.

... 7 Verwöhntage mit gutem Essen und viel Power

Donnerstag	Freitag	Samstag	Sonntag
▶ KOHLENHYDRAT	▶ KOHLENHYDRAT	▶ KOHLENHYDRAT	▶ EIWEISS
Radieschen-Knäckebrot (Seite 39)	Apfel-Nuss-Sandwich (Seite 36)	Saftige Schinkenbrötchen (Seite 42)	Melonen-Käse-Salat (Seite 34)
▶ NEUTRAL	▶ NEUTRAL	▶ NEUTRAL	▶ EIWEISS
4 Karotten	500 ml Kefir	Pikanter Kefirmix (Seite 44)	Fruchtige Lachsröllchen (Seite 33)
▶ KOHLENHYDRAT	▶ EIWEISS	▶ KOHLENHYDRAT	▶ EIWEISS
Fränkisches Pilzgulasch (Seite 63)	Fischröllchen mit Eisbergsalat (Seite 93)	Gemüsetopf mit Knoblauchtoast (Seite 49)	Asiatisches Pfannengemüse mit Rindersteak (Seite 81)
▶ NEUTRAL	▶ NEUTRAL	▶ KOHLENHYDRAT	▶ KOHLENHYDRAT
500 ml Buttermilch	Tartar von Hüttenkäse (Seite 40)	Bananeneis mit gerösteten Mandeln (Seite 112)	Heidelbeer-Sahne-Torte (Seite 117)
▶ KOHLENHYDRAT	▶ EIWEISS	▶ KOHLENHYDRAT	▶ KOHLENHYDRAT
2 Vollkornbrötchen mit Butter, 150 g Mozzarella, 3 große Tomaten und Basilikum	Knuspriger Tofu auf Blumenkohlsalat (Seite 60)	Kartoffelsalat „Vital" (Seite 54)	Paprikaquark mit Brötchen (Seite 31)

Ihr ganz persönlicher
Kontakt zu Ursula Summ

**Liebe Leserinnen,
liebe Leser,**

täglich erreichen mich zahlreiche Briefe und Telefonate aus dem In- und Ausland, mit vielen Fragen zur Gewichtsabnahme und mit der Bitte, bei der Zusammenstellung von Essensplänen behilflich zu sein. Auch werde ich immer wieder aufgefordert, Seminare über Trennkost zu leiten.

Für Seminare fehlt mir leider die Zeit, doch ich freue mich, Ihnen mitteilen zu können, dass ich Ihnen meine Öffentlichkeitsarbeit in einem anderen, sehr interessanten Rahmen anbieten kann. Und zwar in Form eines Fernlehrgangs. Während dieser Zeit lernen Sie Ihren Körper besser kennen und bauen daher Ihr Übergewicht logisch und gefühlvoll ab.

Folgendes Programm erwartet Sie:

- *Ein komplett ausgearbeitetes Manifest zur Gewichtsabnahme mit vielen, vielen Rezepten*

- *Einstiegswoche, Fortsetzungswoche, Powerplan*

- *Persönliche Fragebögen zum Erkennen „Warum bin ich dick?"*

- *Motivation zur Gewichtsabnahme*

- *Vorschläge für die schnelle Küche*

- *Heißhunger auf Süßes, wie kann ich das bewältigen?*

Und, und, und ...

Diese Ausarbeitungen sind sehr persönlich und haben den Umfang eines breiten Leitz-Ordners. Ihr Trennkost-Kurs endet automatisch nach 10 Monaten. In dieser Zeit erhalten Sie zweimal im Monat Post von mir. Insgesamt 20-mal.

Nach Kursende stehe ich Ihnen gerne für weitere Fragen zur Verfügung.

Außerdem können Sie Ihr erworbenes Wissen jetzt auch beruflich nutzen. Nach Abschluss des Fernlehrgangs erhalten Sie von mir ein Zertifikat, welches Sie berechtigt, eigenständig unter der Bezeichnung „Trennkost-Beraterin" Kurse anzubieten.

Ich würde mich freuen, Sie begrüßen zu dürfen.

Schreiben Sie mir und fordern Sie mein kostenloses Informationsmaterial an.

Meine Adresse:

Trennkost Club
Ursula Summ
Buzon N° 356
Calle Patricio Ferrandiz 40
E-03700 Denia /Alicante
España

Telefon: 00 34 /96 /6 42 11 20
Fax: 00 34 /96 /5 78 47 15
http: www.trennkost.de
E-Mail: trennkost.summ@teleline.es

Rezeptverzeichnis nach Kapiteln

▶ Eiweißgericht   ▶ Neutrales Gericht   ▶ Kohlenhydratgericht

Alphabetisches Rezeptverzeichnis

▶ Eiweißgericht   ▶ Neutrales Gericht   ▶ Kohlenhydratgericht

Sachwortverzeichnis

Im FALKEN Verlag sind zahlreiche Titel zum Thema
„Essen und Trinken" erschienen.
Sie erhalten sie überall dort, wo es Bücher gibt.

Sie finden uns im Internet: **www.falken.de**

Dieses Buch wurde auf chlorfrei gebleichtem
und säurefreiem Papier gedruckt.

Der Text dieses Buches entspricht den Regeln
der neuen deutschen Rechtschreibung.

ISBN 3 8068 7589 8

© 2001 by FALKEN Verlag, 65527 Niedernhausen/Ts.
Die Verwertung der Texte und Bilder, auch auszugs-
weise, ist ohne Zustimmung des Verlags urheber-
rechtswidrig und strafbar. Dies gilt auch für Verviel-
fältigungen, Übersetzungen, Mikroverfilmung und
für die Verarbeitung mit elektronischen Systemen.

Umschlaggestaltung: Peter Udo Pinzer
Layout: Ulrich Klein
Texte: S. 16 – 23 und Kapitelaufmacher:
Claudia Schmidt, München
Lektorat: Claudia Boss-Teichmann, Bonn
Redaktion: Anja Halveland
Herstellung: juhu media, Susanne Dölz, Bad Vilbel;
Petra Zimmer, FALKEN Verlag
Reproduktion: Lithotronic, Frankfurt
Umschlagfotos: vorne: Klaus Arras, Köln (Rezeptfoto);
Heike Hartung, Hofheim (Portrait);
hinten: Carsten Eichner, Hamburg
Rezeptfotos: Carsten Eichner, Hamburg

Weitere Fotos im Innenteil: S. 5: oben: Klaus Arras, Köln;
Mitte: Amos Schliack, Hamburg; S. 6, 124: Heike Hartung,
Hofheim; S. 9: Gisela Häring, Frankfurt a. M.;
S. 11: FALKEN Archiv; S. 17: Wolfgang Feiler, Karlsruhe;
S. 1, 2, 3, 5 unten, 14, 28/29, 46/47, 58/59, 74/75, 90/91, 106/107:
Carsten Eichner, Hamburg

Gesamtkonzeption: FALKEN Verlag, 65527 Niedernhausen/Ts.

817 2635 4453 6271